遠藤周作の霊界談義

新・狐狸庵閑話

大川隆法

まえがき

遠藤周作氏は照れ屋で、自己ＰＲがあまりうまくない。本霊言も、あまりにグウタラな談義《だんぎ》のためか、あるいは、ビデオ上映したら、観《み》た人たちが信仰心をグラつかせたせいか、弟子レベルの判断で二年間も編集局の篋底《きょうてい》に秘《ひ》されていた（しまいこんで放《ほう》っておかれたということ）。話したことは確実に作品に仕上げる、自称十割打者の私にしては珍《めずら》しく、「ボツ」になりかけていた霊言本である。

あるテレビ局の番組で、たまたま作家・遠藤周作の特集をやっているのを観て、「あれ、ウチも遠藤周作の霊言収録しなかったっけ。」と私が言い出し、家内が編集局員にムチを飛ばしてやっと出ることになった次第《しだい》である。

昨年十二月に直木賞作家の野坂昭如《のさかあきゆき》氏の死後直後の霊言本が緊急出版されたのを知ったら、さすがの遠藤氏でも目クジラを立てたことだろう。ということで本書は「異《い》色《しょく》」の霊言集である。「出色《しゅっしょく》」の出来《でき》かどうかは定《さだ》かではない。

二〇一六年　一月二十二日

幸福《こうふく》の科学《かがく》グループ創始者兼総裁《そうししゃけんそうさい》　大川隆法《おおかわりゅうほう》

遠藤周作の霊界談義——新・狐狸庵閑話——目次

遠藤周作《えんどうしゅうさく》の霊界談義

――新・狐狸庵閑話《こりあんかんわ》――

二〇一四年四月二十二日　収録
東京都・幸福の科学　教祖殿《きょうそでん》　大悟館《たいごかん》にて

9　狐狸庵流・人生アドバイス　167

「霊言現象《れいげんげんしょう》」とは、あの世の霊存在の言葉を語り下ろす現象のことをいう。これは高度な悟《さと》りを開いた者に特有のものであり、「霊媒現象《れいばいげんしょう》」（トランス状態になって意識を失い、霊が一方的にしゃべる現象）とは異なる。

なお、「霊言」は、あくまでも霊人の意見であり、幸福の科学グループとしての見解と矛盾《むじゅん》する内容を含《ふく》む場合がある点、付記しておきたい。

遠藤周作《えんどうしゅうさく》の霊界談義

――新・狐狸庵閑話《こりあんかんわ》――

二〇一四年四月二十二日　収録

東京都・幸福の科学　教祖殿《きょうそでん》　大悟館《たいごかん》にて

遠藤周作《えんどうしゅうさく》（一九二三～一九九六）

作家。東京に生まれる。両親の離婚のため十歳より神戸で育ち、十二歳のときにキリスト教の洗礼を受ける。旧制灘《なだ》中学校を卒業後、三年間の浪人の後《のち》、慶應義塾《けいおうぎじゅく》大学文学部予科に入学した。仏文科卒業後、戦後初の留学生としてフランスのリヨン大学に学び、帰国後、処女エッセイ集『フランスの大学生』を出版。『白い人』で芥川賞《あくたがわしょう》を受賞した。また、三十八歳のとき、肺結核のため三度の手術を受け、二年に渡る闘病生活を送る。主な作品は、『沈黙』『キリストの誕生』『深い河』など。狐狸庵山人《こりあんさんじん》を名乗り、ユーモアに富むエッセイも数多く発表した。

質問者　※質問順

酒井太守《さかいたいしゅ》（幸福の科学宗務《しゅうむ》本部担当理事長特別補佐）

倉岡《くらおか》ゆり葉《は》（幸福の科学宗務本部第一秘書局部長）〔収録時点・宗務本部第一秘書局主任〕

石川雅士《いしかわまさし》（幸福の科学国際本部国際編集局長）

〔収録時点・宗務本部第一秘書局担当局長 兼《けん》 海外伝道推進室長〕

1　遠藤周作《えんどうしゅうさく》について振り返る

「遠藤周作《えんどうしゅうさく》の霊言」を収録する事情

大川隆法　今日は、少し趣向を変えて、作家の遠藤周作《えんどうしゅうさく》さんをお呼びしようかと思っています。一九九六年に亡くなって、もう十八年ぐらい経《た》つ（収録当時）ので、年数としても十分です。

最近は、生きている人の守護霊霊言をやりすぎると、その新聞広告を載せることに対して、新聞社がうるさくなってき始めています（収録当時）。まだ現存《げんそん》している人なので、文句も多少あるのかもしれません。

また、守護霊霊言の場合、ある意味で、ジャーナリスティックなものが多いので、マスコミと競合している面もあります。証拠なくして取材しているように見えて、自分たちのいちばん〝おいしい〟ところをやられているような感じがして、少し面白くないのかもしれません。

いろいろとあるのかもしれませんが、「死んだ人の霊言なら、文句はない」ということを言っている新聞社もあります。「生きている人の守護霊霊言には、ある意味で、名誉毀損《きそん》に当たる面もある」と感じているのかもしれません。

守護霊霊言は、主として、公人を中心に行っているつもりですが、公人認定は難しいもので、「どこまでが公人か」というのは、マスコミのほうが勝手に決めているところもあります。

そういうこともあって、たまには、古めの人をやったほうがよいでしょう。間奏曲的に、閑話《かんわ》として、一つ〝緩《ゆる》い球〟を投げてみようかと思っています。

学生時代、夕食後に遠藤周作の作品を読んでいた

大川隆法　若い人はもうあまり読まないのではないかと思いますが、遠藤周作さんの

本は、私の学生時代ぐらいなら、まだ文庫本などがかなり出ていました。街の小さな書店でも本が入手でき、私も下宿しているときに、夕食後、文庫本を買って帰り、読んだのを覚えています。

作品には、ユーモア小説もありますし、エッセイのたぐいもかなりあります。抜けた感じのエッセイというか、劣等感に郷愁《きょうしゅう》を感じるような人なら惹《ひ》かれるような、愉快な感じのエッセイも多かったと思います。そういう意味では、悩んでいる若者を励ますような面もありました。

また、当時、私はよく知りませんでしたが、遠藤さんは、入院して闘病することもよくあったらしく、病人の気持ちを代弁したり、病院や医療のあり方について意見を述べたり、いろいろとされていたようです。

全般的には、「キリスト教を中心とした、非常にシリアスな、真面目《まじめ》な文学をときどき書く。書くと非常に神経を使ってくたびれるので、次のものを書くまでの間は、ユーモア小説や『狐狸庵《こりあん》閑話』のようなものを出したりして、しばらく息抜きをする。そうして、またシリアスなものを書く」というような書き方をされていたのではないでしょうか。晩年は、やや歴史小説的なものも書いていたと思います。

私の父の善川三朗《よしかわさぶろう》の二つぐらい年下なので、今、生きていたら、九十歳前後になるかと思います。

十歳の頃、『沈黙』について、父や伯母《おば》と文学談義をする

大川隆法　作品のリストを見ると、私がいちばん昔に読んだ記憶があるものは、意外にシリアスな作品のほうです。一九六六年刊行の『沈黙』という小説があるのですが、これが、いちばん最初に読んだ本です。刊行が一九六六年ということは、私は、十歳ぐらいで読んでいるはずです。
　確か、文庫本ではなく、新刊の単行本で読んだ覚えがあります。ハードカバーで、函《はこ》入りだったような気がします。おそらく、小説家の伯母《おば》か、父親かが買ってきて読んだものを、私も読んだのだと思います。今はありま

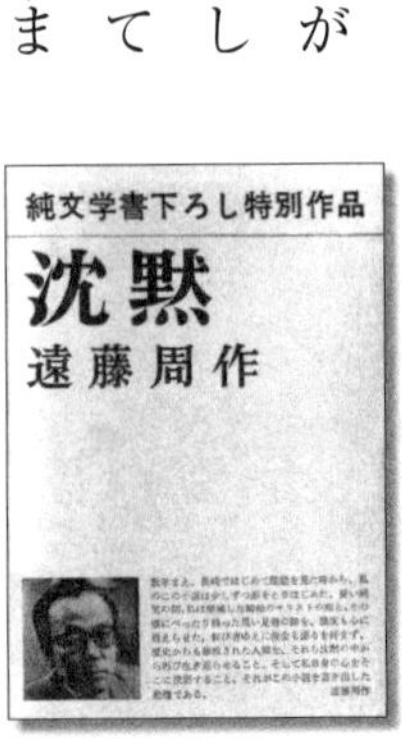

『沈黙』（新潮社）

せんが、徳島県の川島町（現・吉野川市）にある「生家の離れ」の二階で、夕日が射《さ》し込むなか、『沈黙』を読んだ記憶があります。

そういう意味では、私には、文学・宗教・哲学的な面で、やや早熟《そうじゅく》なところがあったかもしれません。

「読んだ記憶がある」と言えるのは、小説家の伯母や父たちと、内容について議論した覚えがあるからです。ですから、確かに読んだのだろうと思います。

この本は、「キリシタン弾圧で、日本人信徒たちが処刑されていくなか、イエズス会の司祭が神に祈るけれども、祈っても祈っても、神は答えてくれず、『なぜ、こんな理不尽《りふじん》なことがあるのだろうか』という疑問を持つ」というような内容で、主要テーマは、「神が、祈りに答えたまわない」ということです。

これは、キリスト者にとっていちばん深刻な部分であり、ローマ法王も感じていることだと思います。祈っても祈っても、答えてくれないのです。

一方、当会は、いくらでも答えてくれるので、変わっていると言えば、変わっています。呼ぶと、答えるのです。ところが、当会以外のところでは、何十年とずっと修行していても、普通は答えてくれないのです。

そうしたことを描いている小説であり、その頃、それについて文学談義をした古い記憶があります。

ユーモア小説やエッセイで、心を癒《い》やされたことがある

大川隆法　ただ、どちらかと言うと、学生時代は、主として、ユーモア小説やエッセイなどで心を癒《い》やされたことのほうが多いのです。私としては、そのあたりで、慰《なぐさ》められた面もずいぶんあったかなという気がします。

例えば、遠藤さんは、一応、灘《なだ》校（旧制灘中学校）卒業ですが、「非常に迷惑して困る」というようなこともよく言っていました。

すなわち、「進学校として有名な『今の灘校』と間違われると困る。同じ灘校だが、自分たちの頃はまだ進学校ではなく、東大なんか一人も行かないような学校だった。灘の金持ちの酒造家たちがお金を出し、バカ息子たちを預けるためにつくった私立の

学校で、勉強なんか全然できなかった。それなのに、灘校を卒業しているというので勘違いされ、非常に迷惑だ」というわけです。

そして、「灘校卒業生では、遠藤周作が最も有名なのに、勉強は最もできなかった。これは、どういうことだ?」ということで、そのあたりをよくユーモアに使っていたので、おかしくてしかたがなかったのです。

エッセイには、「出来の悪い生徒たちが集まってきた頃の灘校で、卒業のときは、ビリから二番か三番目だった」というようなことを、自慢げに何度も何度も書いてあったのです。

嘘か本当か、そこまで悪かったかどうかは知りませんが、灘校は成績別にクラス分けをしていたらしく、遠藤さんは、通う間に、だんだん成績が下がり、とうとう最後のクラスの、いちばん下のほうになってしまったらしいのです。

それから、「灘校を卒業してから三年間も浪人し、やっと慶應《けいおう》大学の文学部(仏文科)に引っ掛かって、入れた」ということで、いかに自分は鈍才であるかということを一生懸命に書いています。

遠藤さんがそういうエッセイを書いていた当時、灘校は、天狗《てんぐ》のような状態になっていました。灘校が、東大合格ナンバーワンの座を日比谷高校から奪ってトップになり、すごく威張っていた頃だったのです。それに当てつけるように、できなかった話を一生懸命に書いていたので、非常におかしかったのです。

これは、おそらく、「狐狸庵山人《さんじん》」と自分で称《しょう》し始めた頃のことです。四十歳ぐらいから称し始めているので、まだ若かったと思いますが、ドテラのようなものを羽織り、頭には易者《えきしゃ》の帽子のようなものを被《かぶ》り、眼鏡《めがね》をかけ、炬燵《こたつ》に座り、そして、火鉢に火箸《ひばし》を差し込んで、炭火を動かしているような格好の写真をよく載せていました。いかにも隠居のじいさんがやっているような感じで、いろいろな人と雑談や座談のようなものをやり、人を食ったような話をずいぶん発表していたのです。

「狐狸庵閑話」の狐狸は、狐《きつね》と狸《たぬき》のことですが、これは「コリャ、アカンワ」という意味もかけた言葉であったようです。そのあたりの面白い話も、いろいろと出てきます。

神と相対峙《あいたいじ》するところまではいけなかったか

大川隆法　今回、霊言を録るに当たり、『狐狸庵閑話』ではないのですが、ほかのものを何冊かパラパラと読んでみましたが、やはり、昔、「面白かった」と感じただけのことはあるなと思いました。

例えば、遠藤さんの友人に、曽野綾子《そのあやこ》さんの夫の三浦朱門《しゅもん》さんがいるのですが、「この前、三浦朱門と会ったとき、こういう話を聞いた。曽野綾子が『誰のために愛する』という本を書いて、二百万部のベストセラーになった頃のことだが、夫を罵倒《ばとう》して、ワアワアとしゃべり始めたことがあった。そうなったら、もうどうにもならないので、三浦朱門は目を瞑《つむ》り、東海道新幹線の駅を東京駅から順番に数えていた。浜松駅あたりまで黙っていたら、

曽野綾子（1931 〜）作家。聖心女子大学を卒業する年に発表した「遠来の客たち」で文壇デビュー。小説のほかエッセイも数多く発表している。カトリック信徒。

向こうの力が急速に弱ってきて口数が減ったので、おもむろに口を開いて自分の考えを述べたら、やっと話を聞いてくれた」というようなことを書いて、暴露しています。こんな感じなのです。

また、本当は、幽霊ものや怪談ものが大好きで、そういうものを探検するのも好きな人であり、ほかの小説家が宿に泊まって、「幽霊が出た」などと言うと、そこへ泊まりに行ったりしていたようです。あとは、病院に入院したときのことを書いたものには、やや切《せつ》ない、シリアスなものもあったかと思います。

キリスト者としては、真面目なところもありましたが、私たち宗教家から見ると、やはり文学者であって、「最後、神と相対峙《あいたいじ》するところまではいけなかったのかな」という、歯がゆさのようなものは残っています。

これは、『沈黙』でもそうだし、私の高校時代に出た『死海のほとり』を読んでも、「少し物足りない」というか、「もうひとつ届かないな」という感じはあったような気

三浦朱門（1926 〜）作家。東京大学卒。85 年より約 1 年間、文化庁長官を務めた。

がします。

　このあたりは、死んでからどうなったでしょうか。あの世で、イエス様に会ったかどうか、ぜひ訊《き》いてみたいものだと思います。

「真面目な面」と「不真面目な面」の両方を持っていた遠藤周作

大川隆法　生前、いろいろな人生相談にもよく乗っていたようなので、今回の霊言では、若い人へのアドバイスのようなことも言ってくれるのではないかと思います。特に、異性に振られたり、モテなくて苦しんだりしているような人には、非常に優しい言葉で、いろいろと話してくれていたので、若者たちの福音になるところもあるのではないかと考えます。
　ただ、本人は、「劣等生だった」ということを繰り返し書いていますけれども、確かに、大学に入るまではもたつきましたが、慶應大学に入ってからは、真面目に勉強されたようです。本にはあまり書いていませんが、すごく真面目に勉強されたらしいのです。

一九五〇年、戦後初の留学生として、フランスのリヨン大学大学院に入学しています。戦後の留学生の第一号だったので、そうとう優秀だったことは間違いありません。フランスではありますが、この年代に留学するのは大変なことで、そんなに簡単ではなかったと思うので、大学では、真面目に勉強をなされたのではないかと思います。

このように、「真面目な面」と「不真面目な面」の両方を持っている方です。

遠藤周作が留学していたフランス・リヨンの街並み

現在の心境やあの世で見聞したものを聴きたい

大川隆法　あの世に還《かえ》って十八年、今、どういうことを考えておられるのか、訊きたいところです。

遠藤さんについて最後に記憶があるのは、亡くなられる数年前に出された『深い河』という小説です。インドを舞台にした話で、映画化もされています。「ベナレスで、死体を火葬してガンジス河に流す」というところが象徴的な感じで、キリスト者でありながら、意外に、仏教の風景にも感じるところがあったのかなという気がします。これも、深いところまでは入らずに、風景のあたりで止まっていたような感じはしますが、「死」を真剣に考えた頃に書いたものだったのではないかと思います。

そういうことで、宗教をやり、神についていろいろと考えたであろう小説家の、現在の心境や、あの世で見たもの、聞いたもの等を聴けたらと思っています。

小説家なので、つくり話も多いかもしれません。その点については、少し用心しなければいけないでしょう。「狐や狸の話だから」ということで、騙《だま》されるといけないので、注意は必要かとは思います。どのような感じか探ってみましょう。

あとは、現代の世相についての意見もあれば、聴いてみたいと思っています。

以上を前置きとして、お呼びしたいと思います。

（合掌し、瞑目《めいもく》する）

それでは、作家にして、宗教、キリスト教にも造詣《ぞうけい》の深かった遠藤周作さんをお呼びして、幸福の科学教祖殿《きょうそでん》において、死後の世界の話や現代の人々へのメッセージ、その他、心のなかで積もっておられるお話等をしてくだされば、ありがたいと思います。

私も、作家とは言えないかもしれませんが、物書きの端くれでありますので、何らかのご意見等も頂ければ幸いです。

遠藤周作の霊よ。どうか幸福の科学教祖殿に降りたまいて、その本心を明かしたまえ。

遠藤周作の霊よ。どうぞ幸福の科学教祖殿に降りたまいて、その本心を明かしたまえ。

（約三秒間の沈黙）

2 遠藤周作の死んだあとの体験

ユーモアたっぷりに登場した遠藤周作の霊

遠藤周作　わしを呼んだっていうことは、もう、呼ぶ人がいなくなったんと違うか？

酒井　いえいえ。とんでもございません。

遠藤周作　えっ？　最後と違うか。もう窮《きゅう》したな。

酒井　（笑）（会場笑）

遠藤周作　いやあ、作家もねえ、種が尽きたら、最後はこうなるんだ。種が尽きたら、わしでも呼ばんと、もう出てくる人が……。

酒井　いえいえ。遠藤周作先生は、何回か前から、「やろうか」というお話があったのです。少し先送りになっていたところがあって。

遠藤周作　そうかねえ。いや、指導霊五百人とか言ったから、わしが最後になったんじゃないか？　五百人目じゃないの？

酒井　いや、霊言をやりたい人は、かなりいます。

遠藤周作　そうお？

酒井　今日は、諸々の事情で、閑話《かんわ》と言ったら失礼ですが……。

遠藤周作　もう忘れかかってる人を掘り起こすっていう意味では、考古学的な見地からは、非常に値打ちのある行為でありますなあ。

酒井　そうでございます。
亡くなられて、すでに、十数年……。

遠藤周作　うん。そうそう。

酒井　二十年ぐらいは経《た》っていますでしょうか。

遠藤周作　だから、「去る者、日々に疎《うと》し」で、どんどん忘れられていくよな。だけど、同じぐらいの年で、まだ頑張っとる人もいるからさ。そういう人は、生きている以上、まだ反論してくるけど、「死人に口なし」でなあ。

まあ、狐《きつね》と狸《たぬき》も出てきて、遠藤のまねぐらいしてみたいと思うわなあ。

実際に死を体験すると、「臨死体験なんてアホらしい」

酒井　私が、遠藤先生について興味を持っていたことがあります。生前、臨死体験のことを、けっこう、おっしゃられていたと思います。

遠藤周作　ほうほう。ほうほう。

酒井　キリスト教徒でありながら、「あの世に生まれ変わる」という話とか、「臨死体験は、こういうふうに自分の体が離れるんだ」とか、そういうことを書かれていますが、お亡くなりになったときの状況は、そのとおりでしたでしょうか。

遠藤周作　いやあ、キューブラー・ロスとかが流行《はや》ったときもあったからねえ。まあ、関心を持つのは当然だし、病院にもよくいたからねえ。死は身近にあったから。あるいは、末期医療、終末医療にも、ずいぶん関心があったからねえ。ガン患者とか、その他、亡くなっていくことが確実に分かっている人たちを最期《さいご》、安らかに死なせてやるということに、私も関心を持ってたからねえ。

そのへんの「死そのもののプロセス」がよく分からないから、「どういう感じなのか分かるとええなあ」と思って、勉強したこともあったんですけどねえ。

まあ、「実際、死んだらどうなったか」っていったら、死んだら、臨死体験なんてアホらしいっていうか。本物（の死）をやったら、疑似体験なんて、もうバカバカしい話ですわ。ほんとねえ。

エリザベス・キューブラー・ロス（1926～2004）
スイスの精神科医。「死の受容五段階モデル」を唱えた。
「Elisabeth Kübler-Ross Foundation」（http://www.ekrfoundation.org/bio/elisabeth-kubler-ross-biography/）より

酒井　体から離れていくというのは、そのとおりでしたか。

遠藤周作　こっちにいる人は、肉体に宿っている自分のほうが本物だと思ってるんだろうけど、「生と死」を分かつものは……。

あの世へ行ったら、「肉体を持ったほうが自分だ」っていうのは、日々、忘れていく過程なんだよね。

だから、「肉体に宿ったときのほうが偽物で、肉体がないほうの自分が本物だ」っていうところまで、意識が辿《たど》り着くのが、正式な死の過程なんだよな。これに辿り着けない人が、この世で迷ったり、天国へ行けないようになっとるっていうことなんだろうと思うんだよ。

この世を見下ろすような感じで、別の世界に移行していった

遠藤周作　キューブラー・ロスも、あの世へ行ったらどうなっとるか、調べないかんところやろうと思うけどね。晩年、ちょっとつらかったらしい。自分自身も難病かな

んかで苦しんだらしいけど、そのあと、（自分が）調べたとおり、無事往生《おうじょう》できたかどうか、気になるところではあるなあ。

そうすると、わしはビリじゃなくて、ビリから二番になるけどね。

酒井　（笑）

遠藤周作　まあ、彼女が言うような、見事な光のトンネルが出てきて、そこを通って、天使が導いてくれたような感じは、あんまりないことはないんだけども。

死んだら、あんたがたが言ってるように、この世にいる人たちの生活や姿や話し言葉が聞こえて、しばらくは、フワフワ近所で浮いてるような感じがあってな。

それから、一カ月や二カ月か忘れたが、もうちょっとだったかも分からんけども、だんだん、「自分が死んだ」っていうことが実感として、ありありと分かってきたら、その頃に、あの世の人がいっぱい、いろいろ呼びかけてきてくれて、「ついてこないか」「悪いおじさんじゃないから、ついてこいよ」っていう感じでねえ。「●ポン引きじ

●ポン引き　その土地に不慣れな人に甘い言葉でもって近寄り、金品を騙し取ること。道路に立って客引きをすること。

ゃねえぞ。騙《だま》しゃしねえから、ついてこい」「●六文銭《ろくもんせん》を要求しねえから、来ないか」みたいな感じで。

まあ、「死んだんかなあ」って、だいたい、自分がそういうふうに思えるようになったら、「あの世に呼ばれて、ついていける」っていう感じかなあ。

そのときは、臨死体験みたいに、丸いトンネルをくぐっていくみたいな、そんな感じではないね。もはや、そういう感じではなくて、おたく様の映画みたいな感じで、この世をだんだん見下ろしていくような感じになって、別の世界に移行していくような感じだったかなあ。

酒井　そうですか。

遠藤周作　ああ。

酒井　あの世に……。

●六文銭　三途の川の渡し賃。川のほとりにいる船頭に六文銭を払うと、舟に乗せて対岸（あの世）へ渡してくれるとされる。

遠藤周作　（酒井を指差して）あんた、（私のことを）狐か狸かと見てるんだろうが。

酒井　いやいや（笑）。

遠藤周作　その目つきは疑いや。わしは狐かもしらんし、狸かも分からん。それは、そのとおりや。

証明してみい。そうしたら、あんたの勝ちや。これはどこの狐か。「狭山丘陵《さやまきゅうりょう》の狐だろう」とか、「どこそこの狸だろう」とか、「阿波《あわ》の狸だろう」とか決めつけたら、大したもんや。

酒井　そうですか。

遠藤周作　ああ。

「吉永小百合《よしながさゆり》の入浴シーンを見に行けるかな」と期待したが……

酒井　生前、ある本に、「死んだら、親しい人、懐かしい人に会えるので、それを楽しみにしている」ということを書かれていましたが。

遠藤周作　そうなのよ。だからねえ、今はもう、ばあちゃん……。いや、ばあちゃんじゃないいな。今、妙齢になられた吉永小百合《よしながさゆり》なんかは、（私が死んだ）当時は、まだ若かったというかねえ。今は七十前やろう？　だから、五十前後。で、私もサユリストだったからねえ、昔はね。うーん。

君らは、思想的にちょっと反感があるかもしれないけども、「もしかしたら、死んで霊になったら、吉永小百合の入浴シーンとか見に行けるんかなあ」とか、やっぱり期待してたよ（会場笑）。

「行けるんじゃないか。スーッと行って覗《のぞ》いてみても、何も分からないんじゃないか」と。（指を鳴らして）「やったあ！」と。

ちょっと、そんな感じはあったよ。

酒井　今、そんなことをされているんですか。

遠藤周作　いやいや。

いろんなことも、小説家の一つの可能性としては考えもし、まあ、「そういうアイデアを（地上の人に）送れば、誰かキャッチして書いてくれたりすることもあるかもしらん」というようなことを考えもしたけど。

なんか知らんけど、そういう悪いやつに限って、ロープで縛られて、ギューッと引き上げられて、行かせてくれないんだよな。（釣《つ》り竿《ざお》のリールを巻くしぐさをしながら）早く早く、早く早く上げなきゃいかんっていうことで。

だから、「この世で、一応、つぶさに、いろいろ見ていきたいな」と思うとったんだけど、行かせてくれんわなあ。

酒井　では、遠藤周作先生は、わりと早くこの世をおさらばして、徘徊《はいかい》するということはなかったわけですね？

遠藤周作　「徘徊」ねえ。いい言葉だねえ。徘徊。いいねえ。底辺をさまよっている感じで、いい感じだねえ。実感があるわ。

酒井　そうですか。

遠藤周作　君、それは、すっごく文学的な言葉だわ。「徘徊について述べよ」って、これは文学部の試験とか、レポートとかの答案だといいねえ。

酒井　そうですか。

遠藤周作　うーん。文学部……。

酒井　では、徘徊はされていたわけですね？

遠藤周作　文学部（の人）も、「はい、徘徊について述べよ」と言われたら、みんな、夜這《よば》いの話を書いたりするんだ。きっとなあ。
　合格点が出るかどうか、これは難しいところだな。天国と地獄が分かれる。

酒井　なるほど。

遠藤周作　うん。

3 劣等感にどう対処すればよいか

自分の失敗をよく書いていた理由

酒井　霊界の話は、またあとでさせていただきたいと思います。当会では、遠藤周作先生は非常に有名なところがあります。

遠藤周作　あっ、そうなの？

酒井　はい。昔、大川隆法総裁が法話のなかで、「遠藤周作先生は、劣等感を克服して、自分の過去の失敗をユーモアに変えることができる」というように述べられています（『幸福への道標』〔幸福の科学出版刊〕参照）。

遠藤周作　ほう。

酒井　「過去の失敗をユーモアとして使えるようになれば、本当に劣等感が克服できたのだ」と……。

遠藤周作　いや、できてないよ。全然できてない。

酒井　えっ？　できてないんですか。

遠藤周作　そんなの全然できてない。全然、劣等感の克服なんかできないよ、君。

酒井　できなかったんですか。

遠藤周作　できないから、せめて金に換えようとして頑張っただけじゃないか。金に換えることで、憂さ晴らしをしたんじゃないか。

「克服」と言うのは簡単だけどなあ。

酒井　いやいや。ご自身の失敗を、ユーモアを交《まじ》えて開示できるというのは……。

遠藤周作　だって、あんた、三年も浪人したら、その分の生活費を取り戻さないかんでしょうが？

何でもええから、もう、でたらめを書いてでも、とにかく、金を稼《かせ》がないかんわけよ。

酒井　その語り自体がまた非常にユーモアがあっていいと思いますけど、このユーモアについて……。

遠藤周作　俺、今の灘校《なだ》、大っ嫌いだからね。

酒井　（笑）（会場笑）

遠藤周作　東大合格率とか、一学部いくら受かるとか、もう、ほんと大っ嫌い。あんな灘校は大っ嫌い。もう、ほんとねえ。

酒井　遠藤周作先生は、今なら、別に灘校ではなく、別の学校に行けばいいわけですよね？

遠藤周作　うんうん。そうや。

酒井　ええ。

遠藤周作　灘校で、三浪して、慶應《けいおう》の文学部に行って、フランス語をやるような人はあんまりいないんじゃないの？　今はもう。

酒井　ただ、それは、非常に勉強されたということであったと思うのですが。

遠藤周作　うーん。

酒井　非常にシリアスな小説を書かれながら、すごくユーモアに溢《あふ》れた、人を癒《い》やすような作品も書かれていますが、私は、このあたりのバランスに、何か、生きる知恵のようなものを感じます。

遠藤周作　いや、まったくない。そんなのまったくない。

酒井　ない？

遠藤周作　まったくない。

そういう劣等感に生きた人はねえ、もう、ツッコミ漫才みたいなものでもやるしかないんだよ。ああいう人生しかないんだよ。

酒井　いや。ただツッコミ漫才だけじゃなくて……。

遠藤周作　ああいう人生しかないんだよ。ほんとは、浅草あたりで、ツッコミ漫才でもやってるしかないんだよ。

「真面目七割、不真面目三割」と書いたが、本当は逆だった!?

酒井　ただ、『沈黙』など、シリアスなものも書かれています。

遠藤周作　ほんとねえ、自分に似つかわしくないものを書いたら、やっぱり疲れるからね。疲れ果てるから。「ここまで化けるのは、つらい」っていうことで、もう、化けの皮を外して、ハア（息を吐く）。

　タイガーマスクだって、つらいと思うんだよ、あれなあ。ほんとはねえ。試合したあとは、「もう二度とマスクをつけたくない」ぐらいの気分だと思うなあ。

酒井　（笑）ただ、遠藤周作先生は、本のなかで、「真面目七割、不真面目三割。これが生きる知恵だ」と書かれていますよね？

遠藤周作　それ、ほんとは逆なんだよ。

酒井　はい？

遠藤周作　ほんとは、「真面目三割、不真面目七割」なんだけど、それでは通らないから、校正の間違いかと思われるので、引っ繰り返して、「真面目七割、不真面目三割」と。やっぱり、文部科学省に認められなきゃいけないからね、今の時代は。

酒井　現代は、鬱《うつ》も増えていますが、本には、「真面目十割でいくと、人間、鬱になってしまうんだよ」と書かれています。

遠藤周作　そうなのよ。北杜夫《きたもりお》とか、あんなのも友達だったけど、みんな不真面目に生きてたから。「不真面目に生きないと駄目だ。人間、病気になるぞ」ということで。鬱病とか、いろいろ、精神病はいっぱいあるけど、精神医学者はみんな、「不真面目へのすすめが大事なんだ」って言うとったからねえ。

だから、「どくとるマンボウ」●なんていうのは、こっちから見りゃ、格好の標的になるような生き方をしてた人ですからね。

北杜夫(1927～2011)
小説家、精神科医。壮年期から躁鬱病を発症した。

●どくとるマンボウ　北杜夫が、エッセイ「どくとるマンボウ」シリーズのなかで使っている自称。

　まあ、病気にならないためには、やっぱり、不真面目がいいんだよ。あんまり宗教をやると、ちょっと深刻になりすぎて、考えすぎることがあるからさあ。ときどき、その反対をやらないとバランスが悪くなるから、気をつけたほうがいいよ。

酒井　宗教に関係なく、現代は鬱病が増えていますが、どうお考えですか。

遠藤周作　真面目すぎるんだよ。

酒井　真面目すぎるんですか。

遠藤周作　うん。もっと不真面目になったほうがいいんだよ。ユーモア小説も書ける人が少なくなってるんじゃないかなあ。ねえ？　面白いことがねえ。

　ここの宗教も、ちょっとユーモアが足りないんじゃないかねえ。

酒井　そうですか。

遠藤周作　俺を中心指導霊に据えたらいいんだよ。

酒井　（笑）

遠藤周作　うん。〝天愉快神《あめのゆかいのかみ》〟とか、そういう神を中心に据えて、ユーモア中心に法を説けば、世の中は明るくなって、病気が治る人が増えるんだよ。カーッと病気治しができる。

酒井　なるほど。

遠藤周作　「陽気暮らし」と一緒じゃん、天理教のな。

凡人の生涯を活字にしていただけ

酒井　不真面目なことを言われながら、実は、そうとう挫折《ざせつ》体験を痛切に感じていらっしゃいますよね？

遠藤周作　「そうとう」っていうことはねえ、そうとうの重みがあるけどねえ。まあ、そりゃあ。

酒井　例えば、昔は、ものすごく短気で、癇癪《かんしゃく》持ちだったと……。

遠藤周作　短気ねえ。

酒井　神経質でもあったと。

遠藤周作　神経質ねえ。狐《きつね》も狸《たぬき》も神経質だし、短気かもしらんけどねえ。そんなことないか。

酒井　それはどうかは分かりません。

遠藤周作　動物は一応、危険を感じたら逃げるしさ。神経質だよな。

酒井　そういうなかから、遠藤先生には、生み出してきた人生の知恵というものがあるのだろうなと思うんです。

遠藤周作　うーん。

酒井　遠藤先生の場合、「『人生とは何か』がテーマだった」というようなことも聞いておりますが。

遠藤周作　「ある凡人の生涯」だよ。まあな。それを活字にしていたというだけのことだけどね。

普通の人間は、挫折するようにできている

遠藤周作　（倉岡に）お嬢さん、ちょっと退屈してるんじゃないか。

倉岡　いやいや、そんなことないです（笑）。

酒井　では、どうぞ。

倉岡　（笑）冒頭、大川総裁は、「生前、遠藤周作先生はいろいろな人の人生相談に乗

っていた」とおっしゃっていました。今、将来の夢を描けず、特にやりたいことが見つけられないという若者が増えているようにも感じるのですが、そのような若者に対して、「どうしたら夢を持てるのか」についてアドバイスを頂きたいと思います。

遠藤周作　いやあ、夢を持とうとするところに苦しみは生まれるんだよ。だからねえ、夢を持たないことだよ。

石川　（笑）

遠藤周作　それが普通なんだよ。もう、どうしようもないっていうかねえ……。まあ、それが普通なんだよ。うんうん。そういう普通の体験のなかから、小説家は生まれるんだよ。

夢が実現するなんて、そんな人の自慢話を聞かされたって全然面白くないよね。小説で読まされても、全然面白くないからさあ。やっぱりねえ、普通の人間は、挫折するようにできてるのよ、人生。

もう、イエスがそうなんだよね。挫折のための人生みたいに、一直線じゃん。（右手の人差し指を立てて、一直線に前に突き出しながら）チューッ。ねえ？　で、迷いなく挫折してるじゃないの。それがキリスト教よ。本質は〝挫折の宗教〟なの。

挫折に向かって突進していった。「エルサレムに入ったら、自分は殺される」って予言しながら、突っ込んでいくんだろう？

もう、死にに行ったようなもんだからさあ。

これが宗教なんだ。大変だわ。これが地球の二十億人も指導してるかと思ったら、もう、人類の三分の一ぐらいは鬱だね、はっきり言って。キリスト教には〝鬱患者〟がいるね、間違いなく。

（倉岡に向かって）そんなねえ、いいこ

エルサレム入城。『旧約聖書』の預言どおり、イエスは子ロバに乗ってエルサレムへ入った。イエスを救世主と信じる人々は、着衣を脱いで道に敷き、イエスのエルサレム入城を歓迎した。

となんかありませんよ、人生。

倉岡　えっ？（笑）（会場笑）

遠藤周作　あんたねえ、結婚は、したくてもできないもの。仕事は、したくてもできないもの。金は、稼ぎたいけども稼げないもの。長生きは、したくてもできないもの。彼氏は、欲しくてもできないもの。そんなものですよ。

だから、それを書けば、共感する人は出るから、かすかに飯《めし》を食べていくぐらいのことはできるということ。ね？

倉岡　なるほど。

遠藤周作　うん。

倉岡　等身大のご自分で本を書かれて、読者の共感を得ていたということですね？

遠藤周作　そうそう。背伸びはあんまりしないほうがいいよ。

いやあ、俺なんか〝あれ〟だけどさあ。今だったら、灘校から、いちばん難しいと言われる慶應の医学部へ行っても、劣等感を感じてるんじゃねえか。きっと。ねえ？　「しまった。理Ⅲに落ちてしまった。しまった。しまった。一生の後悔が残った」なんて、どうせ思ってるんだろう？

バカバカしい。これをバカバカしいと思わなきゃ駄目なのよ。これをバカバカしいと思うのが、やっぱり、〝悟り〟を開いた人間の考え方なのよ。

父親に「医学部」を受けると言いつつ、なぜ「文学部」を受けたのか

石川　すみません。質問させていただきます。お父様から一回勘当《かんどう》されていると思うのですが。

遠藤周作　一回？　ほう。

石川　慶應医学部の話が出ましたので。

遠藤周作　ああ。

石川　確か、お父さんには「慶應の医学部を受ける」と言いながら、文学部を受けられました。

遠藤周作　（笑）（舌を出す）

石川　これは確信犯的にされたのでしょうか。

遠藤周作　まあ、今ほどは難しくないだろうけど、それでも医学部は定員があるから、やっぱり、ちょっと入りにくいわね。

だから、医学部でも受けてることにしないと、多浪なんかしにくいじゃないの。目指していることにしないとねえ。

そういう人、いっぱいいるんじゃない、世の中？　子育てしながら医学部を受けてる人とか、いっぱいいるでしょう？

石川　親の意向と、子供のやりたいことが異なるというのは、普遍的な悩みといいますか、トラブルがあると思うのですが。

遠藤周作　私のように、神に計画をつくられて、小説家になるように生きるべき人が、そんなところに行っちゃいけないんですよ。

医学部に行ったって、北杜夫みたいになるしかねえんだから、どうせね。あるいは、斎藤茂吉《もきち》みたいに、あと、短歌でも詠んでるしかないんだ。

医学部に行ったら忙しいから、短歌ぐらいしか書けないけど、文学部だったら暇《ひま》だから、小説が書ける。やっぱり、絶対こちらのほうが勝利だよね。成功の方程式だよ。まさしくね。

斎藤茂吉(1882〜1953)
歌人。精神科医。東大医学部卒。短歌雑誌「アララギ」の中心編者の一人。北杜夫の父。

「挫折や劣等感を克服した」という実感はない

酒井　大学に入るまでに、三年浪人されているわけですよね?

遠藤周作　何度も、もういいや(会場笑)。克服したわけじゃないので、(その話は)ほどほどにしようか。

酒井　(笑)はい。

遠藤周作　克服したわけじゃあないんだよ。

酒井　遠藤周作先生曰《いわ》く、「浪人一回で大変だと言うんじゃない。三回浪人して初めて、その大変さが分かる」というか……。

遠藤周作　だって、女に振られるったってさあ、三回振られたぐらいじゃ、振られたうちに入らないでしょう？　普通はね。でしょう？　こんなの、もう世間の平均以下でしょう？　三回ぐらい振られたなんていうのは。

酒井　ええ。

遠藤周作　やっぱり、三十回ぐらい振られるのは普通ですよね？　まあ、そんなもんですよ。

酒井　そのとき、普通なら、めげるじゃないですか。

遠藤周作　ああ、なるほど。そういう考えもある。

酒井　どうやってそれを克服されていったのですか。

遠藤周作　克服したことあったかなあ。うーん。よく分かんねえなあ。まあ、慶應ったたって、今の慶應みたいに、難しい慶應じゃねえからねえ。戦後の慶應なんて。

酒井　どうしたら三回落ちたりしても……。

遠藤周作　だから、それが問題なわけ。

だけどねえ、優秀な人って、みんなすごく落ちてるんだよ。司馬遼太郎《しばりょうたろう》なんていうのは、「どこを受けても受からなかった」っていう人だからさあ。「数学と名がつくもんが出るところは全部落ちた」っていう、有名な人だからね。

やっぱり、文学的才能のある人は、理科系の学問がちょっとでも臭《にお》い出したら、もう落ちるようになってるんだよ。プンと臭っただけで、落ちちゃうんだよなあ。「偉大な才能」っていうのは、世間から、たいてい拒否されるのよ。世間は、標準的な人間を求めるからね。だから、偉大な出っ張りがある人間は、なかなか認められがたいんですよ。うーん。

まあ、どうやったかは知らん。いつの間にか、何とか受かったのは受かったんだけど。

あと、「勉強した」っていう話も、さっきあったけど、真面目に勉強したわけでは

司馬遼太郎（1923～1996）小説家、文明批評家。大阪外国語学校卒。産経新聞記者を経て作家となる。60年、『梟の城』で直木賞受賞。

なくて、たまたま、彼女が勉強ができる人だったために、モテようと思って、必死になって頑張ったと。まあ、必死になったかどうかは、ちょっと分からないけど、「ちょっとはモテたい」という願望が、男としてムクムクと出てきたから、頑張ったということはあったかもしれない。

酒井　恋愛の効用ですか。

遠藤周作　このへんは、ちょっと難しいな。ハハハハハハ。まあ、小説家だからね。物語は膨《ふく》らむからね。

「劣等感」が深ければ深いほど、作品を書き続けることができる

酒井　先ほどの話になるのですが、若い人は、浪人や失恋などに対して、感性が敏感で、すごいショックを受けるじゃないですか。

遠藤周作　なるほど。

酒井　そのあたりについて、「真面目三割」でよいので、真面目な観点からお答えいただけないでしょうか。

遠藤周作　いや、それはねえ、小説家っていったら、真面目じゃなきゃ生きていけませんよ。もう退屈な仕事ですからねえ。真面目でなければ、生きていけませんよ。
　今は、ちょっと違うかもしれん。昔は、原稿一枚一枚に、一字一字埋めていったわけですから。真面目に火鉢を囲みながら書かなきゃいかんわけで、ええ。

酒井　どうやって挫折を克服していったらよいのかという……。

遠藤周作　いや、克服できないから、克服できるまで原稿用紙を積み上げていかなきゃいかんわけですよ。

酒井　では、若いうちは、とにかく……。

遠藤周作　だから、挫折があって、「劣等感」が深ければ深いほど、作品を長く書けることになっているわけ。

一冊書いて、すぐベストセラーになって、何百万も売れて、金が儲《もう》かって、もう「こりゃこりゃ」になる人は、あと、そんなに書く気が起きなくなってくるよねえ。だから、私は、ベストセラーをすぐ出す人は、ほんと、かわいそうな人だと思ってるよ。売れない小説を書き続けてる人ほど、真の小説家だと思うね。うん。まさにそうだと思う。

酒井　なるほど。

小保方晴子《おぼかたはるこ》氏についてどう思うか

酒井　真の小説家というと、ちょっと興味のあるところがあるのですが。遠藤先生は、生前、「小説家気取りの小説家はインチキだ。『私は小説家です』とか、『私は俳優です』とか言って、小説家然とした小説家や、俳優然とした俳優には、インチキを感じてしまう」ということをおっしゃっていたと思います。

遠藤周作　うーん。

酒井　最近の話では、小保方晴子《おぼかたはるこ》さんの例があります（注。収録当時、小保方晴子氏らのＳＴＡＰ論文について「不正があった」として、マスコミが厳しい追及をしていた）。

小保方晴子（1983～）
細胞生物学者、理化学研究所の元研究員。

遠藤周作　なんか、ちょっと、やってるようだねえ。

酒井　彼女は、いわゆる研究者然《ぜん》としていないじゃないですか。

遠藤周作　うん。

酒井　遠藤先生の観点からいくと、インチキは感じないはずです。

それから、宗教家で言えば、大川隆法総裁は、別に、宗教家っぽい服を着ているわけではありませんし……。

遠藤周作　宗教家としての本領は、やっぱり、狸のぬいぐるみを着て出てくるべきだよな。

酒井　（笑）何ですか、それ？

遠藤周作　う－ん。

酒井　話を戻しますと、そういう観点に興味を持ったのですが、例えば、小保方さんに対してはインチキを感じますか。

遠藤周作　わしみたいな人に、それを訊《き》くっていうのは、ちょっと……。まあ、人生相談の問題だけども。もう「警察に訊いてくれ」っていうところやけども。
まあ、ちょっとあれ、狸型だよねえ、どっちか言やあ。

酒井　狸型？

遠藤周作　う－ん。狸型のタイプの顔してるね。ぽちゃ－っとしてねえ。

酒井　（笑）

遠藤周作　酒を飲んだりすると、いい感じなんじゃないか。そんな感じがするね。
　ああいう人は、理科系にしては珍しく、たぶん、「先生、どうぞどうぞお一つ」って、注《つ》いでくれるタイプだと思うなあ。その意味では、ちゃんとサービスしてくれそうな感じがするなあ。

酒井　そういう意味では、遠藤先生も、いわゆる「私は小説家です」的な人ではないじゃないですか。

遠藤周作　いや、小説家的ですよ。小説家の典型じゃないですか。まさしくもう、真面目から不真面目まで、すっごい幅を持った小説家。

酒井　一流の小説家気取りはしていなかったじゃないですか。

遠藤周作　いやあ、そんなことはないですよ。

酒井　そうですか（笑）。

遠藤周作　私はもう一流の小説家として、「遠藤周作」と「狐狸庵《こりあん》」とを二つ使い分けながら生きてたので。

酒井　やっぱり狸ですね。

遠藤周作　「一流でない」と言われると、すごい反発心を感じるねえ。一流ですよ。何言ってるんですかあ。

酒井　失礼しました。では、この話はこのへんで。

遠藤周作　うん。

4 はたしてイエス・キリストに会えたのか

生前、「無理をしない信仰」という表現を使った真意

酒井　（石川に）どうぞ。

石川　遠藤先生は、一応、信仰を持たれていたと思いますが。

遠藤周作　それはそう。うん。

石川　「『無理をしない、きばらない』信仰」という表現を使われていましたが、その心はどのようなところにあるのでしょうか。

遠藤周作　信仰心が薄そうな感じだなあ。その響きはよくないね。宗教でそれを言われると……。ね？　無理をしない信仰？

石川　私の実家に『沈黙』のハードカバーがあり、読んだことがあります。あれに出てくるキチジローさんは、宣教師《せんきょうし》を日本に案内してくるのですが、途中で、宣教師を裏切ります。しかし、神の許しを得ようと、また宣教師に許しを求めたりします。

遠藤周作　うんうん。

石川　あとで、遠藤先生の別の本を読むと、「この不安定なキチジローは、実は、私なんだ」というようなことを書かれていました。

確かに、信仰を持っている人に限らず、それほど強さがない人間も多いと思うので……。

遠藤周作　いや、意外に、私は、そんなに騙《だま》されやすい人間じゃないんですよ。好奇心と興味・関心はすごくあるんだけど、やっぱり、人っていうのは、よく騙されるものだとは思っているので。

宗教っていうのは、基本的に〝騙しのテクニック〟をみんな持っているものだと思っているから。キリスト教においても、やっぱり、騙しはありうるかもしれないから。

あのー、小説家の目で見たら、『聖書』にしても、「どれだけ、このなかに嘘があるか」っていう目で、見ることは見るよね。フィクションでつくれる可能性の部分を取り去ったときに、何がいったい残るだろうか。フィクションの部分があるとしたら、それでいったい、人は何を信じることができるだろうか、と。

そのへんの問題は、仏教だってあるでしょう？　フィクションみたいなねえ。

もう、小説家であるがゆえに、書いたもののフィクション性がありえることはよく分かるからさあ。福音書とかだって、つくれるのはよく分かっちゃうから。

私だって、「『遠藤版福音書』とか『周作福音書』とか書け」って言われれば、書けますよ。「元はこうだけど、奇跡は、このへんで、ちょっと派手目《はでめ》にしとこうか」と、相談しながら、やれんことはありませんからね。

湖の上を歩いたなんて、全然面白くねえな。これもう、「氷が張って、スケートリンクの上で、真央《まお》ちゃんみたいに軽やかに四回転しながら、キリストがやってきた」と書いたらどうだろうかとか、やっぱり考えちゃうよね。

まあ、そこまでやったら、「嘘だ」とみんな分かっちゃうかもしんないけども。

最後はやはり、イエスに奇跡を起こしてほしかった

石川　生前、遠藤先生は、「これは正統な信仰ではないと思うけれども、私にとってのイエス様は、優しいイエス様で、罪を許してくれるイエス様だ」と……。

遠藤周作　うん。「ちょっと人間的すぎる」という批判はあるわね。宗教をシリアスに考える人から見たら、ちょっと人間的すぎる。

石川　牧師さんによってはそうですね。

遠藤周作　「(小説『イエスの生涯』で描いた) イエスが、無力であまりにも弱い」というふうに批判する人はいる。そうかもしれない。弱いイエスかもしれない。

でも、客観的事実としては、ちょっと、最後はあっけなかったよね。スーパーマンになれなかったよね。

私が弟子だったら、気分としては、やっぱり奇跡を起こしてほしかったよね。最後でね。あれだけ、いっぱい奇跡を起こした人が、最後、ファイナルで……。ファイナルっていうのは、ナイアガラの滝か、ロケット花火ですよ。なんか、ズバーッと大きなやつを起こしてほしかったよなあ。そうしたら、救世主として、世界の人から認められるのに。

最後、えらく神様は冷たくねえか。何だかさあ。ちょっと冷たいと思えねえか？最後なあ。

酒井　うーん。

遠藤周作　せめて、死刑にされるにしても、「十字架の重さでイエスが潰《つぶ》れて、ほかの人が助けないと、ヨロヨロして歩けない」みたいな、そんなかわいそうなのじゃなくて、「重い重い十字架を天使が両脇《りょうわき》から支えて、軽々と浮くように進んでいった」とか、そのぐらい書いてやれよっていうんだよ。せめてね。

かわいそうじゃねえか。殺されるのは一緒にしても、ちょっと、かわいそうだよな。あまりに生々しいっていうか、まったく何にも起きなかった人のような感じにも見えるよな。

十字架の道行。イエスは裁判で死刑判決を受けた後、自ら十字架を背負い、ゴルゴタ（されこうべ）の丘まで歩いていった。

「イエスに会ったか」という質問は、踏み絵のように感じる

酒井　遠藤先生は、イエス様にお会いになられたんですか。

遠藤周作　どこで？

酒井　今いる世界です。あの世に還《かえ》られて……。

遠藤周作　これは異端審問《いたんしんもん》か。踏み絵か。まあ、厳しいあたりですねえ。これは、嘘つきかどうかを試すための心理テストでしょう？　たぶん。

酒井　（笑）疑い深いですね。

遠藤周作　うん。疑い深いんですよ。やっぱりねえ、「人は、狐《きつね》か狸《たぬき》の仲間でないか」って、いつも思っとるから。

酒井　そうですか。

遠藤周作　「イエスに会った」と言ったら、嘘つきでないかと、まず、そういう感じで攻めてくるでしょう?「会ったことがない」と言ったら、信仰が足りないんじゃないかと、攻めてくるでしょう?

酒井　（笑）（会場笑）

遠藤周作　どっちみち駄目なんだよ。その二者択一《たくいつ》は駄目なんだよなあ。踏み絵で、どれだけの人が死んだか分かってんの?　踏み絵を踏めるかどうかでねえ。

酒井　いや、別にここは踏み絵の場所ではありません。

遠藤周作　踏み絵じゃないの？

石川　遠藤先生は、やはり正直な方だと思いまして……。

遠藤周作　あ、そうお？

石川　あるエッセイのなかで、「自分が、地獄谷という、『沈黙』の舞台になった所にいたとして、『踏み絵を踏まないと、背中を斬《き》りつけて、熱湯を垂《た》らす』と言われたら、僕も信仰を捨ててしまうかもしれない。もう気絶する

長崎県雲仙市の雲仙地獄にあるキリシタン殉教碑。
「福岡発!! 九州観光ガイド」(http://www7b.biglobe.ne.jp/~fukuokadeasobitai/)より

だろうな」とか、「三浦朱門《しゅもん》さんも一分しか持たないかもしれない」とかいうように本音を書かれていましたけれども。

遠藤周作　情けない人ばっかりやねえ、世の中。ほんと、キリスト教が流行《はや》らんはずだわ。潰れるねえ、もうすぐ。

傲慢《ごうまん》の罪を犯さない言い方をすると……

石川　（苦笑）実際、イエス様には会われたのでしょうか。

遠藤周作　遠藤が転向して、幸福の科学に入ったって？　あの世で、入会？　●三帰誓《さんきせい》願《がん》した？　お金、要《い》らないんだろ？

石川　（笑）（会場笑）

●三帰誓願　仏・法・僧の三宝への帰依を誓うこと。

酒井　どうなんでしょう？　最初、質問したとき、「どこで？」とおっしゃいましたよね？

遠藤周作　うん。

酒井　ということは、もしかして、過去世でイエス様とお会いになられていますか。

遠藤周作　あなたはきっとねえ、過去世で警官かなんかの経験がある。

酒井　（笑）（会場笑）

遠藤周作　たぶん、そうだと思う。私の勘《かん》から見ると、特高（特別高等警察）だと思うんだよ。第二次大戦前、共産党員を取り締まってた特高……、クリスチャンをいじめてた特高とか、ああいうたぐいじゃないかねえ。
人の蔵書を見ながら、「あっ、こいつは思想的に、あれだ」とか。

酒井　すみません。時間がもったいないので。

遠藤周作　あ、そう?

酒井　どうでしょうか。イエス様には惹《ひ》かれるものはありますよね?

遠藤周作　まあ、私がイエスに惹かれることは、あまりないけども。

酒井　えっ?　ないんですか。

遠藤周作　イエスが私に惹かれるっていうことは、ありえるかもしれない。

酒井　えっ？　どうしてですか。

遠藤周作　「イエスが、私に関心を持って、会いに来る」っていうことはあるかもしれないけど、「私が、イエスに関心を持って、会いに行く」っていうことは難しいかもしれない。イエスが、私に関心を持って、会いに来るっていうことは可能かもしれないね。

酒井　なるほど。

遠藤周作　こう言えば、「傲慢《ごうまん》の罪を犯さないで済む言い方」になるわけよ。

酒井　かもしれないということは、現実になったのでしょうか。

遠藤周作　うーん、うーん。まあ、イエスなんて、このへん（大悟館《たいごかん》）をしょっちゅう歩いてるんじゃないの？　何言ってるんだよ。

愛読者プレゼント☆アンケート

『遠藤周作の霊界談義』のご購読ありがとうございました。今後の参考とさせていただきますので、下記の質問にお答えください。抽選で幸福の科学出版の書籍・雑誌をプレゼント致します。（発表は発送をもってかえさせていただきます）

1 本書をどのようにお知りになりましたか？

①新聞広告を見て [新聞名：]
②ネット広告を見て [ウェブサイト名：]
③書店で見て　④ネット書店で見て　⑤幸福の科学出版のウェブサイト
⑥人に勧められて　⑦幸福の科学の小冊子　⑧月刊「ザ・リバティ」
⑨月刊「アー・ユー・ハッピー？」　⑩ラジオ番組「天使のモーニングコール」
⑪その他（ ）

2 本書をお読みになったご感想をお書きください。

3 今後読みたいテーマなどがありましたら、お書きください。

ご感想を匿名にて広告等に掲載させていただくことがございます。ご記入いただきました個人情報については、同意なく他の目的で使用することはございません。

ご協力ありがとうございました。

郵便はがき

料金受取人払郵便

赤坂局承認

8228

差出有効期間
平成29年11月
30日まで
(切手不要)

1 0 7 - 8 7 9 0

112

東京都港区赤坂2丁目10−14
幸福の科学出版(株)
愛読者アンケート係 行

フリガナ お名前	男・女	歳
ご住所 〒 都道府県		
お電話 ( ) −		
e-mail アドレス		
ご職業	①会社員 ②会社役員 ③経営者 ④公務員 ⑤教員・研究者 ⑥自営業 ⑦主婦 ⑧学生 ⑨パート・アルバイト ⑩他 ( )	
今後、弊社の新刊案内などをお送りしてもよろしいですか? (はい・いいえ)		

5　あの世で周りにいる人々

今いる世界には、キリスト教文学を書いたような人が多い

酒井　ここ（大悟館《たいごかん》）に来ればそうでしょうが、普段いらっしゃる世界はどうでしょうか。周りに狸《たぬき》や狐《きつね》がたくさんいるんですか。

遠藤周作　（笑）おまえ、本気で言うの？　本気？　あんた本気で言ってんだ。灘《なだ》の酒でも持ってこんかったら、もう許せんなあ。

酒井　（笑）

遠藤周作　それはねえ、動物園を開きたいとは思ってるんですよ。動物園の経営者になるのが、私ねえ、夢なんですよ。

狸や狐をいっぱい繁殖《はんしょく》させてやりたい。今は、カピバラがあまりにいい思いをしすぎているので、狸や狐がかわいそうだ。狸や狐を温泉に入れてやって、橙《だいだい》を浮かべてやりたい。

かわいそう。ほんと、かわいそうだな。ねえ？　もう毛皮にされたり、殺されたり、食べられたりして、もうほんと、かわいそうだと思う。ねえ？　カピバラ園みたいなのをつくってやりたい、彼らにもねえ。

酒井　霊界に、そういうところがあるんですか。

遠藤周作　ええ？

酒井　遠藤先生の周りには？

遠藤周作　私の霊界？　何？　狸霊界・狐霊界に還《かえ》っとるかどうかって？　今、検討中……。

酒井　いやいや。今、どういう方が周りにいらっしゃるのでしょうか。

遠藤周作　ああ、周りにいるのは、キリスト教文学なんかを書いたような人たちが比較的多いかもしれないけどねえ。

酒井　そうですか。それは日本人ですか。

遠藤周作　両方いるかもしらんがなあ。

石川　三浦綾子《あやこ》さんとかはどうですか。

遠藤周作　三浦……、あんまり……。

石川　曽野綾子《そのあやこ》さんは、まだ生きておられますよね。

遠藤周作　曽野綾子？（あの世に）引っ張っていけって？

石川　いや、そういう話ではなくて（笑）。

遠藤周作　ええ？　いやいや、もう、ご主人が望んでるんじゃない？　強く。うるせえから、要《い》らない。そんなに来てほしくもねえけども。

三浦綾子（1922～1999）作家。小学校教師を退職後、結核を患い、闘病中にキリスト教の洗礼を受けた。代表作に『氷点』『塩狩峠』『銃口』などがある。

叱《しか》られるから、○○にはあまり近寄らない

酒井　そういう同業の方は近くに一緒にいらっしゃるんですかね。

遠藤周作　うん。まあ、福音書とか書いたような人たちは周りにいるんじゃないの。

酒井　いらっしゃるんですか。

遠藤周作　うーん。いることはいるんじゃないかなあ。

酒井　例えば、福音書を書いたマルコ？

遠藤周作　マルコね。うん、まあ、いるかもしれないね。うんうん。

酒井　いるかもしれない？

遠藤周作　いるかもしれないねえ。

酒井　お話はされてますか。

遠藤周作　ええ？　お話はされてますかって？　私の「生前の悟り」では、ちょっと届かないからさあ。

酒井　届かないんですか。

遠藤周作　叱《しか》られるから、あんまり近寄らないのよ。

マルコ（生没年未詳）イエスの弟子で、新約聖書の「マルコ伝」の著者。ペテロ、パウロとともに伝道し、殉教したと言われている。

酒井　近寄らない？

遠藤周作　うん。ちょっと、あのねえ、うーん。
　活字ってさあ、「原稿用紙一枚いくら」って決まってるから、無駄なことをいっぱい書かないと、原稿料を稼《かせ》げないようになってるの。だから、くだらないことをいっぱい書き連ねてるわけよ。そのあたりを厳しく指導するようなやつもいる。（石川を指して）君なんかも死んだらそうなるよ、たぶんね。

石川　（苦笑）

遠藤周作　厳しく指導して、無駄なとこを削《そ》いで、ギリギリに縮めて、そして、一字いくら。すごく単価を安くしようと、（石川を指して）絶対する。作家相手には、そういうことを必ずやる、君は。

酒井　（笑）

遠藤周作　感じとして分かる。うん。人間としてね。

どのような作家だと、死後、天国に還れるのか

酒井　遠藤先生のいる世界には、キリスト教文学や福音書を書かれた方、あるいは、信仰のある方がいらっしゃるということで、それはいいのですが、そういうところに還れない方というのは、どういう方なのでしょうか。

遠藤周作　たくさんいるんじゃないの？　それはもう、上から下までいっぱいあるでしょう。もう山のように……。

酒井　そこの違いをどう見分けたらよいのでしょうか。現代における文学者のなかで

も……。

遠藤周作　いやあ、君、何か誘導尋問《じんもん》が得意みたいだから。

酒井　いえいえ。

遠藤周作　もう、君が望む答えを、僕が当ててみようかなあ。

酒井　では、お願いします。

遠藤周作　君は、僕が「ダンテの生まれ変わりだ」って言いたくてしょうがないんだろう？

酒井　そっ、そっ……（笑）。

遠藤周作　そらあ、認めてやってもいいよ。ああ、そうだ。そのぐらいの文学者だったような気がするなあ。
ああ、そうだそうだ。転生輪廻《てんしょうりんね》が好きなんだろう?　それで確定しようよ。「ダンテの生まれ変わり!　遠藤周作」。うわあ、これで、急に本がバーッと売れ始めるんだよな。

ダンテ(1265～1321)
イタリアの詩人。ルネサンス文学の先駆けとなる。代表作に、叙事詩『神曲』、抒情詩集『新生』がある。

酒井　ちょっと、そこまで話はいっていないのですが。同じ宗教文学をやっていた人でも、死後、天国に行く人もいれば、地獄に行く人もいます。その違いは何なのでしょうか。

遠藤周作　まあ、他人様《ひとさま》のことは、私はよう分からんけども、この世で地獄を見た人は天国に還り、この世で天国を見た人は地獄に還るんじゃないの。たぶんね。うん。

だから、この世が、すっごくうまいことといって、「楽しい。楽しい。こりゃこりゃやった」と思うような人が、ちょっとあの世で苦労して、この世で、私のように貧乏のなか、本当にひもじいなか、刻苦勉励《こっくべんれい》して、一字一字、小説を書き続けたような人は、天国に行けるんじゃないの。たぶんそうだと思う。

酒井　例えば、どんな方が近くにいらっしゃいますか。

遠藤周作　だからまあ、ダンテとか（笑）。

酒井　（笑）（会場笑）

遠藤周作　なんか、まずかったかなあ。ほかに適当なの見つくろって……。

有島武郎《ありしまたけお》の死後について

石川　有島武郎《ありしまたけお》さんや夏目漱石《なつめそうせき》さんあたりはどうですか。

遠藤周作　有島武郎かあ。あいつはやるべきことをやって、あの世に還ってるからなあ。若干、許していいかどうか、微妙なとこはあるよな。

文章はうまいし、作品もいいが、社会的な影響力としては、若干……。まあ、時間が経《た》ったけども、当時は、ちょっと悪い●ところもあったからさ。

わしなんか自制心があるからさあ。「遠

夏目漱石(1867～1916)
小説家、英文学者。東大を卒業して英語教師となるが、イギリス留学後、作家となった。主な作品は『坊ちゃん』『こころ』など。

有島武郎(1878～1923)
小説家、評論家。文芸雑誌「白樺」創刊に関わり、人道主義文学の代表的作家として活躍。代表作は『カインの末裔』『或る女』など。

●悪いところ　有島武郎は、人妻の波多野秋子と恋愛関係になり、最後は二人で心中をした。

藤さんと一緒に死にたい」とか言ってくる女性も、もう毎日のようにいたんだけども。

酒井　（笑）

遠藤周作　「玉川上水《たまがわじょうすい》とか、そういう所に飛び込もう」とかなあ。まあ、そういうことはしなかったわなあ。グーッと自制心で堪《こら》えて、変装して、できるだけ不細工《ぶさいく》な格好にして、「こんな男のために死んじゃいけないんだ」って説得してたからね。うん。
　まあ、ああいう社会的に悪影響を与える作家は、ストレートにいいとこに還ってると思わずに、「いったんは休憩所にて、説教師から訓戒を受けて、還る」というふうに考えたほうがいいんじゃないかな。

石川　遠藤先生はある程度スーッと天上界に還られたのでしょうか。

遠藤周作　そこが難しいとこやなあ。微妙だな（笑）。天上界ってのは、「天井のあたり」ということであれば、まあ、スッと還ったかもしらんがなあ。

しばらくはそのあたりで、下を見てたかもしれない。病院の〝天井界〟で、じーっとへばりついておったとか、そういうことはあるかもしらん。

「奇跡」をなかなか認めようとしないキリスト教会

石川　小説家にも、信仰がある人とない人とがいらっしゃるかと思うんですけど。

遠藤周作　うーん。

石川　「無理をしない信仰」というお話もあったんですが、今、信仰が薄くなった現代社会に向けて、信仰の持つ大切さのようなものが、もし、あれば……。

遠藤周作　いやあ、キリスト教は二千年前に奇跡がいっぱい起きたけど、それからあと、奇跡がほとんど起きないみたいな感じで、だいたい、否定する方向にあるじゃないか。

法王自体が起こせないから、いっぱい起きたら困るんだろうし、まあ、霊的な現象だってなかなか認めないしさあ。エクソシストみたいなものだって、ものすごく限定的にしか認めないでしょう？　そういう現象をねえ。

それから、ルルド●の奇跡みたいなのだって、キリスト教自体が、「ほとんどが嘘で、（本物と）確認されるのは、ほんのちょっとだ」とか言っている。だいたい医者じゃねえんだから、そこまで厳密にやる必要はないんだよ。「奇跡が起きた」って言ったら、みんな奇跡にすりゃ、それでいいのに。もう、枯れ木も山の賑《にぎ》わいで、観光客がもっと増えるんだからさあ。

なんか、ちょっと、「自分らができないから、人にも起きない」みたいな感じの窮屈《きゅうくつ》さはあるわねえ。

ルルドで、少女の前に現れた聖母マリアを描いた絵。

●ルルドの奇跡　1858年、南フランスのルルドで、少女ベルナデットが聖母マリアの姿を目撃。その言葉に従い、洞窟内を掘ると泉が湧き出し、その水を飲む者に病気が治る奇跡が続出した。

だから、もうちょっと派手に奇跡が起きてくれたほうが、信仰心も強まるし、自信も出るしさあ。うーん、そういうとこがあるよな。

俺も、あんまり聖人君子ぶりたくなかったのは、「先生！　私の病気を治してください。先生に頭を三回撫《な》でてもらったら、治るような気がします」なんて、そんなのがときどき来るんだよ。読者のなかには、そんなのがたまに来るからさあ。まあ、かわいい子の場合は、やってしまう場合もあるけども。

酒井　（笑）

遠藤周作　普通はやったって、もう効き目がないのは知ってるからさあ。詐欺罪で捕まっちゃいけねえから。

あのねえ、ちょっと、その信仰のとこは問題だね。やっぱり、文学として時間が経てば経つほど、信仰は立たなくなるので。

「昔物語として受け入れるか、現実の問題としてそれを受け入れるか」っていうのは、今の大司教とか司教とか司祭とか、そんなような人でも、「本当に現実の問題として受け入れられているかどうか」って言ったら、微妙だと思うねえ。

例えば、怪奇ものがいっぱいあるじゃないですか。「ローズマリーの赤ちゃん」だとか、そういう怖いエクソシスト系のものがいっぱいあるじゃないですか。

これを、じゃあ、正式に司教だ司祭だという人たちに、「この内容を信じますか」って言って、みんな「はい。そのとおりだと思います」って言うか言わないかっていったら、けっこう理屈をつけて、何だかんだ言って答えないと思うなあ。

そのなかには、保身《ほしん》もあれば、単なる知識や経験の不足もあるし、やっぱり、信仰そのものがよく分かってない部分もある。霊そのものをはっきりつかんでない人がいっぱいいる。

仏教にもいるけどね。仏教もキリスト教も一緒で、霊そのものについて、あんまり分かってない人がいるわけよ。

「父と子と精霊」のあたりは、特に分かりにくい。精霊もよく分からないし、父も分からないしねえ。イエスだけが生まれたらしいっていうことは、分かってるけどね

●映画「ローズマリーの赤ちゃん」　悪魔崇拝者たちに狙われたある主婦の恐怖を描いたアメリカのホラー映画(1969年公開)。

え。

「天なる父」がよく分からないし、天使っていうのが、物語か、おとぎ話のようでさあ。どうも、ディズニーランドに行かなきゃ、天使が見えないんだよ。今、はっきり言ってなあ。

だから、ある意味では、キリスト教会自体は、全体的には、そうだねえ、なんか、液状化したあとの、お城みたいな感じかなあ。あんなんになってるねえ。

あの世に還ってから「悪魔」を目撃したことがある

石川　遠藤先生の作品に『真昼の悪魔』というものがあります。そのなかで、「悪魔が今やろうとしているのは、現代人の心のくたびれ、空虚感《くうきょ》、疲労した気持ちなどを利用して、悪をさせることです」というような表現を使われているのですが、生きておられるとき、この悪魔の感覚のようなものを感じられたりしたのでしょうか。

遠藤周作　うん、まあ、この悪魔の感覚も、時代とともに、ちょっと変わってくるらしいんでなあ。私の頃に、善悪と思って言ったことでも、今はだいぶ通じなくなってきたみたいなので。

倫理観みたいのは、そうとう変わってきたでしょう？　特に男女の問題とかはそうとう変わってきてるし、お金の問題だって、私らの頃には、「借金の証文があったかどうか」みたいなことが大事であったけど、今だったら、財テクと称して、あるいは運用と称して、いろんなことがやられてるけど、これが合法的なようでもあり、詐欺のようでもあり、なんか、よく分からないような世界に入ってるんでさあ。うーん。

私の感覚が通じるかどうか、ちょっと分かんないねえ。

酒井　あの世から見て、どう思われますか。

遠藤周作　何を？

酒井　悪魔とか、そういう存在です。

遠藤周作　ああ、悪魔ねえ。悪魔っていうのは、チラッと何度かは見たことがあるよ。やっぱり、うん。

酒井　あの世で？

遠藤周作　うん。チラッとね。

酒井　どういう場面で出てくるのでしょうか。

遠藤周作　「どういう場面で」って、やっぱり、地上の人間に働きかけているときに、やっぱり出てきてるわねえ。たいていの場合ね。

酒井　遠藤先生が、地上の方に何か働きかけているときに、悪魔が登場するんですか？

遠藤周作　いやあ、まあ、何て言うか。だから、指導霊と言うのか、何て言うのかは知らんけどもさあ。まあ、（地上の人が）道を間違わんように囁《ささや》きに行ったりとか、作家だったら、アイデアみたいなものをちょっと与えたりとかするような仕事がチョコチョコないわけではないんだけども、それで（地上の人のところに）行ったときに、その人が引っ張られようとしてるっていうか、「いわゆる悪魔と思われるような存在に、今つかまってるなあ」っていう感じを持つ場合はあるねえ。

酒井　霊の世界では、悪魔の存在が明確に見えるわけですね？　その人に働きかけているものが……。

遠藤周作　見てる姿が本物かどうか私には分からんけども、いわゆる、トルストイの民話に出てくるような、尻尾《しっぽ》が尖《とが》ってて、耳が折れてるような小悪魔みたいなものとかさ。そういうもんがいたりする所に急に行くと、存在したりするようなことはあるなあ。

悪魔を退散させる方法？

酒井　そういうものと話をすることはあるんですか。

遠藤周作　話か？　「わしの光に怯《おび》えて、みんな一目散《いちもくさん》に逃げていく」と言いたいとこではあるけども、それほどの光がないもんで。

酒井　（笑）（会場笑）

レフ・ニコラエヴィチ・トルストイ（1828～1910）ロシアを代表する小説家、思想家。農民の生活改善と教育にも力を注いだ。

遠藤周作　みんな、ハハハッと笑いながら、まあ、怯えたりはしないで様子を窺《うかが》って、形勢が悪いと思ったら、一時期、兵を退《ひ》くっていうことは、あるようなことはあるけどもなあ。

酒井　悪魔をどかせて、地上の人によきインスピレーションを与えるために、そのとき、遠藤先生がやることは、どういうことでしょうか。

遠藤周作　「まあ、酒でも飲んで、女でも抱いて、ゆっくりせいや」と、そういうふうにアドバイスすれば、悪魔は退散する。

酒井　本当ですか（笑）。

遠藤周作　（両手の人差し指を立て、頭から角を出すしぐさをする）

酒井　それ、悪魔じゃないですか。

遠藤周作　（笑）そんなことないですよ。酒屋だって儲《もう》からないかんし、女性だって、いろいろと産業はあるんですから、全部バカにしちゃいけないよ。あなたねえ、商売する女性たちの悲しみが分からなきゃ、小説家にはなれないし、宗教家にもなれないよ。君たちの宗教は、銀座とか歌舞伎町《かぶきちょう》とかで、もっと遊ばないと。人間の魂《たましい》の真髄《しんずい》は分からないよ。うーん。

酒井　そういうところに、遠藤先生は行っているわけですね？

遠藤周作　いやいや（笑）（会場笑）。そんなことない。だけど、作家仲間がよく行ってるから、そのへんを探すと、だいたい出てくるっていうことは多いなあ。

6　ユーモアは神の武器の一つ

○○さんはウルトラマンのようで、近寄りがたい

酒井　今、作家の方で、特に注目しているというか、いろいろと（霊的に）アドバイスしている方は誰ですか。

遠藤周作　アドバイスは、もう、みんな要《い》らないような年になってるからさあ。知ってる人たちはな。もう、ええ年だから。あと、「いつ引き取るか」だけの問題だから、もう〝引っ越しセンター〟だよなあ。（あの世への）引っ越しの手配をしてやらないかんかどうか……。

酒井　では、今、あの世でのお仕事は、あの世に引き上げる仕事ですか。

遠藤周作　一応、死んだら、あの世へ来るまでの間に、誰か話には行かないかんからさ、知り合いがね。親族か、あるいは、友人とか、知人がねえ。だから、そういう意味で、関係のあったような人には話をしに行かないかんことは……。

酒井　当会には、景山民夫《かげやまたみお》さんがいらっしゃいましたが、お会いになったことはありますか。

遠藤周作　景山民夫さんかあ。

酒井　はい。

遠藤周作　うーん、なんか怖い感じがする。

景山民夫（1947 ～1998）
放送作家、小説家、エッセイスト。学生時代から数々の番組を手がける。88 年、直木賞受賞。幸福の科学の本部講師も務めた。

酒井　怖い？

遠藤周作　うん。なんかねえ、彼は、ウルトラマンが立ってるような感じがする。

酒井　ウルトラマン？

遠藤周作　うん。

酒井　どういう意味でしょうか。

遠藤周作　「シュワッチ！」っていう感じ（肘《ひじ》を交差させてウルトラマンのスペシウム光線のポーズをする）。あんな感じがするんだなあ。

酒井　（笑）（会場笑）もう少し分かりやすいように……。

遠藤周作　狐狸庵《こりあん》としては、ちょっと近寄りがたいものがある。なんか、スーパーマンのような……。「シュワッチ！　M37星から来た何とかスーパーマン」みたいな、そういう感じがすることはするなあ。

善川三朗《よしかわさぶろう》名誉顧問は冗談が通じない人

酒井　先ほどお名前が出たマルコ様、つまり、善川三朗《よしかわさぶろう》先生も、そういう感じでしょうか（注。善川三朗・幸福の科学名誉顧問の過去世は、霊査によりマルコと判明している）。

違った意味で怖い？

遠藤周作　あの人は、冗談は通じないよ。

酒井　（笑）

遠藤周作　はっきり言って、まったく通じないよ。冗談、まったく通じないよ。

酒井　（笑）

遠藤周作　冗談も、お酒も、金も、女も全部通じないから。まったく通じないですからね。ええ。もう怒り出すから、気をつけないと、ほんとに。気をつけたほうがいいよ。

酒井　（笑）そうですか。

遠藤周作　まったく通じないから。

テレビでフィーバーしている毒舌家には、悪魔の尻尾《しっぽ》が見える

酒井　遠藤先生は、どういう方を導いていらっしゃるんですか。

遠藤周作　少ないんだ。ユーモアが分かる人って、ほんとに少ないんだよ。ほんの少ししかいないのでねえ。

私も、〝神の有力な武器〟の一つなんだけどな。このユーモアっていうのも、武器……。

酒井　ユーモアでいうと、最近のユーモアは、けっこう毒舌だったりするじゃないですか。

遠藤周作　ああ、なるほどね。あれはちょっと違ってるのよねえ、私の感じとは……。

あの毒舌のなかには、ちょっと尻尾《しっぽ》が見えるね。

酒井　見えますか。

遠藤周作　うーん。若干、やっぱり、悪魔の尻尾が見えるな。テレビで、しっかりフィーバーしてるようだけど、それは悪魔……、ま、小悪魔だろうけどね。まあ、小悪魔のようなものが指導してるものでも、人気が出ることがあるっていうのが、不思議なとこなんだよな。

この世の波動が、そっちに近いっていうことだろうなあ。人を腐《くさ》したり、やっつけたりすると、人気が出るんだろう？　私らの時代は、もうちょっと牧歌《ぼっか》的だったのかもしれないけど、うーん、言い方が、きつくなってるわねえ。

遠藤周作は「ゆるキャラ」を先取りしていた!?

倉岡　遠藤先生は、ユーモアに富んでいると思うのですが。

遠藤周作　うん。

倉岡　そのユーモア性について、もう少し掘り下げてお伺いしたいと思います。そのユーモアは、天性のものなのか、それとも、いろいろな経験を通じて磨き上げてきたものなのか、どちらでしょうか。

遠藤周作　まあ、これは、やっぱり「変装願望」だよね。変装願望で、私の真実の姿を知られないためには、できるだけ、狸《たぬき》の皮でも、狐《きつね》の皮でも被《かぶ》って、隠さなきゃいかんと。

私は、時代を先取りしとったんだ。今は、もう、あれでしょう? くまモンから始まって、いろいろ、「ゆるキャラ」がいっぱい流行《はや》ってるじゃない? ああいうのを、時代に先んじて実践してたのよ、ほんとは。

酒井　そういう意味で、遠藤先生のユーモアは、人を癒《い》やすユーモアじゃないですか。それは天性の……。

遠藤周作　君なんかは、だから、ユーモアをもっと持ったら、人気が出るよ。もっともっと人気が出る。

酒井　ありがとうございます。

遠藤周作　もっと、できると思うなあ。

酒井　では、ユーモアの能力を高めるには、どうしたらよいのでしょうか。

遠藤周作　君はねえ、突っ張りすぎてるのよ。君はまだねえ、自分をイ・ビョンホン（韓国の俳優）だと思い込んでるところがあるからさあ。

酒井　（笑）（会場笑）

遠藤周作　やっぱりねえ、それは、早く断念したほうがいいよ。

酒井　別に、イ・ビョンホンだとは思っていないのですが。

遠藤周作　いやあ、たぶんねえ、そのプライドが自分を固くしすぎてるんだよ。

酒井　分かりました。ありがとうございます。

遠藤周作　今、ガチガチに固めちゃ、駄目なんだ。もうちょっと、緩《ゆる》いキャラが、今、受けてるんだからさあ。

五木《いつき》寛之《ひろゆき》氏に言っておきたいこと

石川　緩いと言えば、五木《いつき》寛之《ひろゆき》さんは、どちらかというと、緩い思想のように思いますが。

遠藤周作　長生きしてるなあ、あの人も。

酒井　宗派は違う？

遠藤周作　活躍期間は、二十代から出て、

五木寛之（1932～）作家。66年、『さらばモスクワ愚連隊』で小説現代新人賞を受賞、76年には『青春の門』で吉川英治文学賞を受賞。

ずいぶん長く書いてるねえ。でも、暗いね。

石川　そうですね。

遠藤周作　すごく暗いね。なんだか知らんけど。

石川　遠藤先生のほうは、明るさが癒やしを提供していると思いますが、五木さんのほうは、確かに暗いところがあります。

遠藤周作　いやあ、暗いねえ。あの人は、炭鉱の話から、あのへんから始まってるんだよね。確かなあ。青春の、あのへんの……。なんか、炭鉱、筑豊《ちくほう》のあったへんを攻めてくるあたりから始まったと思うし、『さらばモスクワ愚連隊《ぐれんたい》』とか、いろいろ、なんか……。

あっ、ロシア系やな。ロシア系のあれやって。だから、ロシアが一時期、下火になってから売れんようになったけど、また最近、ちょっと盛り返してきているかもしれない。

あとは、仏教にも、ちょっと入り込んだよな。十年ぐらい仏教の勉強して、それをタネにして、いろいろ書いているようだけど。

ただ、あれなんでしょ？　君らから見ると、彼なんかも、下へ、下へ、下へ、下向きの文学に見えてるんだろ？　上へ行かずに、下へ、下へ向いてるような……。

石川　「下山《げざん》の思想」のことですか。

遠藤周作　うん、そうだね。「下山の思想」だね。まあ、楽にしようとしてるのかもしらんけども、楽にしようとしてるのかもしらんけど……、たまに風呂《ふろ》に入るように言うといてくれや。

石川　（笑）その「緩さ」と「真面目さ」とのバランスについてですが、天国と地獄を分けるものとは、どのようなものでしょうか。

遠藤周作　なんか知らんけど、とにかく、●頭は年に一回しか洗わんとか、二回しか洗わんとか、まあ、いろいろ知らんけど、ちょっと、ええかげんにせい。あの反近代性も、ええかげんにしてもらわないと、困るところがあるなあ。ほんとなあ。

●頭は年に一回しか……　週刊誌の記事によると、五木寛之氏はシャンプーが嫌いで、年に四回しか頭を洗わないという。

7 信仰の奇跡について思うこと

信仰の奇跡は、何分の一かあれば満足すべきもの

石川　すみません。もう一度、信仰の大切さについてお伺いしたいのですが。

遠藤周作　うーん。

石川　遠藤先生は、何かを引用して、「信仰は、九十パーセントの疑いと十パーセントの希望である」ということも書かれているのですが、その十パーセントの希望とは、どのようなものだったのでしょうか。

遠藤周作　うーん。神はねえ、私が病気をしても、奇跡によって治してはくださらなかった。それは間違いない。私が浪人しても、奇跡によって受からせてはくれなかった。これは間違いない。私がほかの人にバカにされても、神は救ってくださらなかった。これは本当のことだ。

ただ、神は、私に生活の糧《かて》だけは与えたもうた。生きていくことだけは許してくださった。うん。これは奇跡かもしれない。

だから、まあ、信仰の奇跡っていうのは、何分の一かあれば、それで満足せないかんものかもしらんね。全部が全部、起きるようなものだと思うたら、（信仰から）離れていく速度も速くなるんじゃないかなあ。

石川　与えられていないものよりも、与えられているものに感謝していくところに、希望が見えるということですか。

遠藤周作　ああ、ちょっと仏教的になってくるね。そこまで来るとなあ。仏教的になるが、仏教的に、もっともっと行ってしまうと、今度は、すべてを諦《あきら》めるところまで行くんじゃないかねえ。最後はねえ。「一切は空《くう》」という世界まで行っちゃうからさあ。まあ、これは、ちょっと難しいけどねえ。

生前、信仰が弱かったのは、マゾになり切れなかったから？

石川　遠藤先生は、ある本のなかで、「私は、なぜ仏教ではなく、キリスト教を選んだのかと言うと、仏教の悟りや解脱《げだつ》にはあまり生命感が感じられないが、キリスト教の復活には、生命の躍動感のようなものを感じ、そこに惹《ひ》かれるからだ」というようなことを書かれていたと思いますが、このあたりは、魂《たましい》の素地《そじ》と関係があるのでしょうか。

遠藤周作　まあ、嘘八百《うそはっぴゃく》をずいぶん書いてきたから（笑）、細かくは覚えてはおらんけどねえ。若いうちは、わりあい真面目にキリスト教の信仰も考えたんだと思うし、救いを求めてた面もあったんだろうなあとは思うんだけど。

キリスト教の神様って、ほんと暗いんだよね。確かに、暗くて悲しいからさあ。悲劇を……、十字架を見るだけでも、やっぱり「十字架恐怖症」ってあるんだよね。あの受難の姿を見るだけで、「ううん、もう結構です」っていう。だから、日本神道的な人なんか、わりあい嫌いなんだよね。ああいうの。もうちょっと明るいからさあ。もうちょっと明るいのが好きだからさ。

そういう受難が嫌いな人もいるんだけど、私らが教わったのは、だいたい、「病気も神様が下さったものだ」みたいな思想だよな。

病院に入って、〝あれ〟するでしょう？「あんたの信仰のために病気を下さったんだから、病気を下さった神様に感謝しましょう」と。そういうことで、「自分の悪をいぶり出すチャンスとして、病気を下さったんだ」みたいなことを、修道院系の人はよく言うわなあ。そう

イエスの受難。茨の冠を被り、十字架にかかったイエス。頭上の罪状書きには、「ユダヤ人の王」と書かれていた。

いう言い方をして、奇跡を起こしてくださらない。

イエス様は、手をさすって治してくれたのになあ。

おかしいなあ。病気実在論みたいな感じだよな。

わしは、もう治してくれんでもええけど、やっぱり、「針が痛いの、どうにかしてくれんかなあ」とか、そっちのほうに行くよな。「針が痛いんですけど」とか「注射が痛いんだけど」とか「この薬は苦いんですけど」とか、そういうのに行くから、極めて信仰が弱いんだろうとは思うけどねえ。

ほんとの信仰に目覚めたら、茨《いばら》の冠を被《かぶ》って、茨の鞭《むち》みたいなもので背中でもしばいてもらって、血がいっぱい噴き出るのをものすごく喜ぶでしょう？　ああいう宗教者としては。クリスチャンも。

だから、基本的には、究極の信仰者は、マゾなんだと思うんだよな。やっぱりね。マゾの極致《きょくち》が、イエスだと思うんだよ。

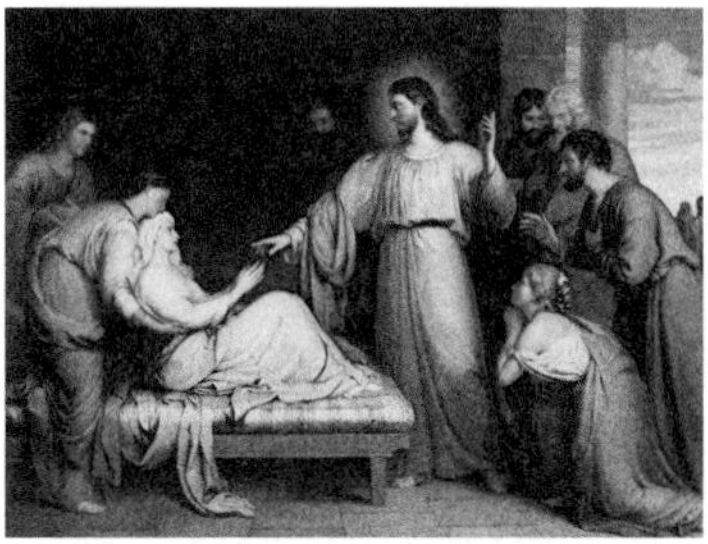

イエスの病気治し。熱を出して寝込んでいた弟子ペテロの姑の手に触れ、病を癒やすイエス。その後も、イエスは悪霊に取り憑かれた大勢の病人を癒やした。

俺は、そこまでマゾじゃないんだよ。だけど、ちょっとだけ自己卑下してるから、ちょっとだけ、「ちょいマゾ」なんだよ。ちょいマゾ。三分の一程度のマゾで、三分の二は「人間としてハッピーに生きたい」という気持ちがあるから、悟り切れてないんだなあ。

「神の声」を聴けるのは〝ずるい〟

酒井　ご自分の心に素直だということで言えば、遠藤先生の信仰観のなかには、「信仰における弱さから、どうやって強くなっていくか」ということが、テーマとしてあるような気がしたのですが。

遠藤周作　君ら、〝ずるい〟と思うんだよ、俺はなあ。ほんと、〝ずるい〟と思うんだよ。君ら、ほんとは信仰ないんじゃないか。

酒井　はい？

遠藤周作　いや、ないのと違う？　だってさあ、君らは訊《き》いたら、（霊が）答えるじゃない？　答えが返ってくるじゃない？

酒井　はい。

遠藤周作　だけど、クリスチャンで答えが聴こえる人なんて、もうほんと、世界の二十億人のうち、何人いるか分かんないですからねえ。

公式に大きなものを、誰か、そういう地位に就いてる人を通じて、神が言葉を下さったり、ラファエルが告知してくれたりするようなことは……、あ、ガブリエルか、……が告知してくださったりするようなこと

聖母マリアのもとに、天使ガブリエルが降り、マリアが処女のまま聖霊によってイエスを身ごもると告げたとされる（受胎告知）。

は、ないからねえ。ゼロだから。

酒井　はい。

遠藤周作　だから、君らは〝ずるい〟と思うし、君らの信仰が本物かどうか、僕は疑うね。

イスラム教だって、マホメットは〝嘘つき〟やん。基本的には。だいたい、言ってることを見たらさあ。「洞窟《どうくつ》のなかで神の声を聴いた」っていうのは、みんな信じなきゃいけないわけだからさあ。誰も見てないんだけど、「そう言った」っていうことを書いて、それで信じさせるんだろう？

それなのに、君らは、直接（霊の声を）聴いて、「遠藤か、狐《きつね》か、狸《たぬき》か、確認しなきゃいけない」と、

ヒラー山の洞窟で瞑想していたムハンマド（マホメット）のもとに、天使ガブリエルが現れ、アッラーによる啓示を伝えたとされる。

こう、やってるわけ。これは〝宗教〟じゃないよ。〝宗教〟じゃない。これは〝科学〟だよ。これは一種の科学だし、〝マスコミ〟だよ。

君らは、ジャーナリズムを信仰だと思ってるとこがあるから、これ、やっぱりね、君ら、ちょっと、時代に毒されてるな。

答えたまわないいんだよ。だから、「遠藤周作の霊界談義」で、私が一分しか答えなくても、それでも、本一冊つくらなきゃいけないんだよ。それが、本物の信仰なんだよ、うん。

酒井　何も答えてくださらないときは、どのようにして……。

遠藤周作　遠藤の心を推し量《はか》って、一生懸命、原稿用紙を埋めていく。これが信仰なんだ。

酒井　いやいや。まあ、それはいいんですけど。

遠藤周作　え？

酒井　『聖書』によれば、イエス様は、神に祈っても何も答えてくださらず、十字架に架かって亡くなられたということになっていると思いますが、その後、なぜ十二使徒たちは強くなっていったのでしょうか。

遠藤周作　イエス様は何？　答えてくれないって？

酒井　はい。その後、イエス様は、復活されましたけれども。

遠藤周作　イエスは、神様に頼んだけど、全然、答えてくれなかったんだからさあ。最後、沈黙を守ってるんだよな。あれ、おかしいよ。どう考えてもなあ。

分からないからこそ、信じる人も多い

酒井　そのあたりのテーマで文学を書かれたと思いますが、そこから、本当の強さというものに、どうやって目覚めていくのでしょうか。

遠藤周作　いや、こっちが訊きたいぐらいだよ。

だから、あれ（キリスト教）は、もしかしたら、文学の力で起きたのかもしれないけどねえ。そういう福音書なるものが成り立って、とにかく「これが神の言葉だ」と言って、広げたっていう。まあ、そういう、福音書および、その普及で始まったことなのかもしらんけどねえ。

君らは、こうやって現象みたいなのを当たり前にやってるがゆえに、「それを見てる人は、信仰心は薄くて、事実の確認風に作業としてやっておって、そして、時代が過ぎたり、遠隔地のためにそれを接することができない人たちは、今度は信ずること

ができない」っていう現象だって起きるわけだからさあ。

だから、有利かどうかは分からないよ。分からないからこそ、信じる人も多いわけでねえ。

（霊界の存在を）証明しようと一生懸命頑張ってるのは分かるけど、証明しようとしているがゆえに、信仰から遠ざかってるかもしれないからね。うーん。

そらあ、本当だったら、こんな遠藤周作なんかの言葉なんかで、信者が一人でも増えると思ってるほうが、間違いですよ。君ねえ、それは〝詐術《さじゅつ》〟に当たるわけですよ。もう〝詐欺〟ですよ。

遠藤周作が出てきて、それで信者が増えるわけないでしょう? だいたい。減ることはあっても、増えることはない。増えることは……。

酒井　そうですか。

遠藤周作　ええ。増えることはないけど、増えることはない「遠藤周作の霊言」を録って、それを信者に無理やり売りつける。それで信者が減っていくわけ。君らは今、一生懸命努力して信者を減らしてるわけよ。もしそれを出さなければ、みんな信じることができたのに。

「エル・カンターレ」だけ言うとったらいいわけよ。それだけ言っときゃいいわけよ。

酒井　ただ、そういうお考えを踏まえたとしても、これは事実ですよね？　嘘ではありません。

遠藤周作　でも、狸かもしれないじゃないの？

酒井　別に、最後は、狸という結論でも結構ですが、これが霊界の真実じゃないですか。

遠藤周作　そうだけども。まあ、方便的に、この世に霊が降りる場合もあるけども、狐や狸、あるいは、イタコさんのたぐいと、区別がつかない。

　ムハンマドみたいに、洞窟のなかで神の声を聴いて、誰も見てないっていうほうが、まあ、なんていうか、密室性は高いよね。〝密室トリック〟としては完璧《かんぺき》だよね、あちらのほうが。もう、あがきようがないじゃない。もう、どうにもならないじゃない。

「信じるか、信じないか」だけだもんね。

　だけど、これだったら、暴《あば》きようがないわけでなく、一応、あれこれと、いちゃもんをつける可能性がまだあるからさあ。そのへんは、ちょっと問題はあるかもしらんねえ。

　こう、顔が、（収録用のビデオカメラを指差して）あのビデオに映ったら、「遠藤（の霊）が入ったら、もうちょっと、ええ男になるはずや」とか思う人が出てくるわけ、必ず。疑いを持って、「遠藤周作（の霊）が入ったら、もうちょっといい男、男前に顔が変わらなきゃならん。全然ならんから、これはちょっと違うんとちゃうか」とか思うかもしれないねえ。そういう疑いの余地があるわね。

あの世でイエスには会えたのか

酒井　話はまた戻るのですが。

遠藤周作　苦しいか。苦しいか。〝真面目な人〟と話すと苦しいだろ?

酒井　いえいえ、全然、苦しくありません。

遠藤周作　な? 君、もうちょっと気楽にいきなさい。気楽に。ね?

酒井　(笑)

遠藤周作　真面目な話をしとると、苦しいんだよ。うん。苦しいんだよ、もうちょっとプライドを下げて、灘《なだ》校をビリで卒業したと思うて、話したらいい。

酒井　いや、灘校には入れません。

遠藤周作　ああ、灘校じゃねえな。君らの場合は、灘校じゃないのね？

酒井　はい。

遠藤周作　灘校じゃない。もっともっと……。

酒井　それは結構なんですが、やはり、イエス様にはお会いになったのですか。

遠藤周作　いや、これは厳しいところだ。
だからねえ、「君らに答えていいこと」と、「君らの信者に答えていいこと」と、それと「一般の人に言っていいこと」と、「キリスト教徒に言っていいこと」とで捉《とら》え方が違う場合があるからね。私の言葉の重みが、それぞれに違うから。

クリスチャンだと、「会った」と言ったら、「あいつ、遠藤め、あの世に行って、まだ嘘ついてる。閻魔《えんま》さんに早《はよ》う頼んで、舌を引っこ抜いてもらえ」って思うから。キリスト教者のくせに、「閻魔様に、舌を引っこ抜いてもらえ」とか、クリスチャンは必ず思うから、ほんとのことがなかなか言えないんだよ。舌がまだついてるように見えるから。

酒井　なるほど。

遠藤周作　うん。ほんとのことはね。

酒井　本当のことは言えない？

遠藤周作　ほんとはね、ほんとは、イエスの生まれ変わりだったかもしれない……でしょう?

酒井　（笑）

遠藤周作　ほんとはそうだったかもしれない。現代に作家として生まれて、キリスト教文学を広げた。

おたくは、トルストイが、イエスの分身《ぶんしん》かなんかのように生まれたと言ってるけど、トルストイの文学なんか、もう今の日本でほとんど読まれない。

だから、遠藤周作のほうが、先進国・日本において、はるかに大きな影響力を与えて、キリスト教の命を日本人に与えた。遠藤がイエスの生まれ変わりかもしれない。こういう信仰もあってもいいわけですよね。まあ、言うのは自由だから、あってもいいわけですよね。うん。

だから、「遠藤がイエスに会ったことないっていうのは、自分自身が、実は、イエスだったからだ」とかいうような考えだって、あってもいいわけですよ。

酒井　うーん。なるほど。分かりました。

遠藤周作　ああ、君は、やっぱり深刻すぎるな。ユーモア小説は書けないわ。

酒井　（笑）私は、ユーモア小説は……。ほかに適任者はいると思うんですけど。

遠藤周作　うーん。

8 遠藤周作の過去世を探る

生前、生まれ変わりは何となく信じていた

酒井　では、話を変えます。遠藤周作さんは、転生輪廻《てんしょうりんね》についてお話しすることはできますか。

遠藤周作　うーん。まあ、五分五分だな。日本人だから、まったく信じないっていうわけでもないいけど、はっきりは、よく分からないっていう感じはあるなあ。

酒井　ある本のなかに、「生まれ変わったら、また会いたいね」とか、そういう話を書いておられますが。

遠藤周作　まあ、日本人としてはね。

酒井　ええ。

遠藤周作　日本人で、私の世代だったら、そういう感じは、みんな持ってはいたんじゃないかねえ。「何となく、生まれ変わりみたいなことはあるかもねえ」みたいな感じはあったんじゃないかなあ。

酒井　転生において、ご職業は、やはり、文筆《ぶんぴつ》というか、ものを書くことが中心だったのでしょうか。

遠藤周作　そうねえ、『神曲《しんきょく》』を書いたときは、すごーく時間がかかったねえ。

酒井・石川　（笑）（会場笑）

遠藤周作　（石川を指して）なんで笑う。ユーモア小説でないって言ってるのに。

石川　『失楽園』を書いたミルトン様はご存じですか。

遠藤周作　ミルトンかあ。ミルトンは、目が見えんからさあ。見ることができないんじゃない？

石川　見ることはできない……。

遠藤周作　ミルトンかあ。目を治してやりたかったなあ。わしが唾《つばき》で泥を丸めて、目に塗ってやれば、あいつの目は開いただろうになあ。うーん。

ジョン・ミルトン（1608〜1674）イギリスの詩人。代表作に『失楽園』など。43歳のとき、失明した。

残念じゃったなあ。

過去世についての質問は、霊人から嫌われている？

石川　日本には、キリスト教がなかなか根づかないんですけれども。

遠藤周作　根づかないねえ。

石川　それについて、天上界に戻られて、どのようにお考えでしょうか。何がネックになるのでしょうか。

遠藤周作　やっぱり、私が〝磔《はりつけ》〟に遭《あ》わなかったのが、大きな原因だったかもしれないなあ。ユーモア小説で逃げ切ったっていうところがね、今回は、多少、賢くなったな。

灘《なだ》校で、東大に行くのを蹴《け》って、慶應《けいおう》に行った私だからね。やっぱり、処世術《しょせいじゅつ》はすごく長《た》けてたからさあ。そういう意味で、受難を十分に受けなかったのがいけなかったんじゃないかなあ。

石川　遠藤先生の今世の使命は、どのようなものだったのでしょうか。

遠藤周作　やっぱり、それは、「キリスト教の大復活」と「大布教」でしょうね。

石川　挫折《ざせつ》とかに苦しむ人の心を癒《い》やそうとして、キリスト教的なものを書いておられたのでしょうか。

遠藤周作　いや、もう書くタネがないから、何でも書いただけで。

石川　（笑）

遠藤周作　そんな、もう複雑に考えなくてもいいよ。まずは、自分の体験から書いて、書き尽くしたらしょうがないから、材料を集めてフィクションに入ると。まあ、これは普通じゃないですか。

最初は、材料は自分ですよね。書くのはね。自分を材料にして書いて、書くことがなくなったら、いろんなものを調べて、歴史ものだとか、そんなものを書き始めるのは、普通じゃないですか。

酒井　キリシタン大名の小説も書かれていますが、あの頃に生まれていたということはありますか。

遠藤周作　キリシタン大名ねえ。でも、私は、殺されるのは嫌だから、まあ、そんなに……。

酒井　その頃には生まれていないんですか。日本に生まれたのは、今回が初めてですか。

遠藤周作　転生輪廻、どうしてもやりたいのね？

酒井　はい。

遠藤周作　君ら、しつこいねえ。

酒井　ユーモアということで。

遠藤周作　一部、霊界で嫌われてるの、知ってるの？　〝回覧板〟が回ってるよ。

酒井　いや、一部ではなくて、かなりだとは思いますけど。

遠藤周作　「あすこの〝踏み絵〟は、もう、転生輪廻の〝踏み絵〟だ」っていうのが、もう回ってるよ。

酒井　これに参加するということは、そういうことなんです。

遠藤周作　「もういっぱいねえ、いろんな偉い人が出てるから、全部チャートを覚えていかないと間違うから、（過去世を語るときは）気をつけたほうがいい」っていう。

酒井　今日は、そういう心構えで、出てきていただいていると……。

遠藤周作　うーん。

カルマの刈り取りでユーモア作家になった？

酒井　ぜひ、一端なりとも、お一人ぐらいはお願いしたいなと思います。

遠藤周作　昔……。

酒井　テレビで、「ほんものは誰だ！」という番組に出ていたじゃないですか。

遠藤周作　「ほんものは誰だ！」……、うーん。

酒井　まあ、それはいいんですけども。

遠藤周作　そう言えば、直前世はねえ、「権力への意志」とか、そういうのを言ったような気がするなあ。

酒井　ニ、ニーチェですか。

遠藤周作　ああ、ニーチェで「権力への意志」を説いて、そして反省をして、「今回は、弱い人間として生きよう」と決意したような気もする。

石川　まあ、あの、最後の最後で、（今回の）集大成として……。

遠藤周作　信じないの？

石川　（笑）いや、あの。

遠藤周作　じゃあ、訊《き》いたってしょうがないんじゃん。転生輪廻をせっかく言おうと思ったのに。君らが信じないんじゃ、言ってもしょうがないのう。

酒井　「権力への意志」？

遠藤周作　だから、強いキリストを説いてだねえ、「権力への意志、スーパースター、大救世主、ほんまもんの救世主、スーパーマンこそ、今、必要とされている。強い宗教、強い権力者、それが世界を救うんだ、国を救うんだ」と言って、ヒトラーを産み落としてしまったために、深い反省に入って、今回は、遠藤周作として、ユーモア作家として人生を送ることになった。カルマの刈り取りで。

こういうの、信じられる？

酒井　いや、信じられません（会場笑）。

遠藤周作　なんで？　その理由を、その判定基準を聞きたいね。

酒井　遠藤先生は、ニーチェほど、そんなに深刻な方ではないというか……。

遠藤周作　ニーチェは、脳梅毒《のうばいどく》に罹《かか》って、最後、狂って死んだんだよ。

酒井　ニーチェほど、鬼気《きき》迫るものは感じないんですよね。

遠藤周作　でも、ひらめきは感じない？　天才的な文章のひらめきっていうの。

酒井　遠藤周作先生は、例えば、『東海道中膝栗毛《とうかいどうちゅうひざくりげ》』が好きだったじゃないですか。

遠藤周作　（笑）勘弁してください。そんな……。

倉岡　「その人のようになりたかった」ともおっしゃっていたような。

遠藤周作　え？　何が？

倉岡　はっきり憶《おぼ》えていないのですが、「十返舎一九《じっぺんしゃいっく》のようになりたい」というような記述もあったかと思います（注。実際は『東海道中膝栗毛』に登場する弥次《やじ》・喜多《きた》の生き方に憧《あこが》れていた）。

遠藤周作　十返舎一九になりたいって？　新幹線の駅弁は、おいしいとは思うけどさあ。

酒井　（笑）

遠藤周作　まあ、それは、ええと思うが。
いやあ、君らは、ほんと古臭い宗教だ。も

十返舎一九（1765～1831）江戸後期の戯作者。黄表紙・洒落本などを書き、滑稽本『東海道中膝栗毛』で有名になった。

う早く脱却したまえ。その転生輪廻っていう〝パンツ〟を脱ぎ捨てて、自由になって海に飛び込みなさいよ。

前世は女性だったような気がする？

酒井　ただ、これは、遠藤周作先生のファンを、さらに若い世代にまで増やせるかどうかの、非常に重要な〝踏み絵〟になります。

遠藤周作　いやあ、出版社にとっては、増刷するかどうかがかかってるかもしれない。まあ、売れないのよ。ほんとねえ、一年で千部もなかなか売れないもんで。

酒井　今のままだと、「読まなくていいかな」と思ってしまう人もいるので。

遠藤周作　そうなのよ。それはね、長生きしてたら勝ちなのよ。長生きしてると……。

酒井　ここで、嘘ではなく、本当のところで、何か教えていただいたら、本がまた売れそうな気がするのですが。

遠藤周作　うーん……。ちょっと待って。ちょっと考えてみるからねえ。

酒井・石川　（笑）

遠藤周作　じゃあ、いいや。深ーく自分の心の内を穿《うが》って、「自分は誰だったか」ってことを、もう一回よく考えてみようかなあと思うんだよね。

何となく、前世はね、でもねえ、君たちは、どうしてもニーチェを受け入れないっていうんだったら、しかたがないから、諦《あきら》めるけども、その前は、なんか、女性だったような気もするんだよなあ。何となく、女性だったら、ありえるような気がする。なんか、似てるような気がするんだなあ。うーん。女性のような気がしてくるんだよ。

酒井　女性ですか。

遠藤周作　うんうん。女性のような気がするなあ。何となく。

石川　直前世ですか。

遠藤周作　過去世でしょ？　過去世を言ったらいいんでしょ？　なんか、楊貴妃《ようきひ》なんていうのは、私によく似たような感じがするんですが。

石川　（笑）それは遠くないですか。明治時代の日本ではないのですか。

遠藤周作　遠すぎましたっけ？　ああ、そうか。
　明治時代の日本だったら、そんなに生まれたい職業がないねえ。あえてやるとしたら、食べてみたいから、やっぱり、あれだね、すき焼き屋なんかはやってみたいよねえ。牛肉ですき焼きをやってみたいねえ。腹いっぱい食べれるんなら。

仏教との縁はあるのか

石川　最近、前世は与謝野晶子《よさのあきこ》だったという人もいました（注。テレビキャスターの国谷裕子《くにやひろこ》氏のこと。同氏の守護霊霊言を収録した『クローズアップ国谷裕子キャスター』〔幸福の科学出版刊〕参照）。

遠藤周作　ふーん。ああそう？　そんな人いるの？

石川　ですから、女性の文人《ぶんじん》だったのかなと。

遠藤周作　与謝野晶子ねえ。そんな人もいるんだ。ふーん。へえー。与謝野晶子（の生まれ変わり）は、何の御用《ごよう》があって、いるわけ？

石川　今は、ジャーナリストとしてご活躍のようです。

遠藤周作　ふーん。こんなの、信じるわけ？　与謝野晶子が今、ジャーナリストになってるのは信じて、ニーチェが遠藤周作だったら、信じないの？　両方、作品は書いてるよ。

石川　遠藤先生には、それほど邪悪な感じがしません。

酒井　ニーチェは、地獄に堕《お》ちて、悪魔になってしまっているのです。

遠藤周作　ああ、なるほど。だから、悪魔にしたくないと。そういう君たちの愛ゆえに、そう言ってる。それは分かった。

酒井　遠藤先生は悪魔ではないでしょう？

遠藤周作　それなら、天国に行ってる人から選ばなければいけないわけだ。

酒井　はい。

遠藤周作　誰が天国に行ってるの？

酒井　（笑）いや、そういう方はたくさんいます。

もう時間切れなので、「言えない」ということであれば、しかたがないので諦めますが、お一人ぐらい教えていただけるとありがたいなと思います。

石川　『深い河』は、インドがテーマになっていますが、仏教との縁はおありなのでしょうか。

遠藤周作　なんか、やっぱり、ガンジス河は懐かしい感じがするねえ。うーん。ガンジス河ねえ。焼き場で焼いて、灰になって、流してね。賑《にぎ》やかな葬式をやって、流れて、河のなかで、魚で泳いでたような気がするよ。何となくねえ。

石川　（笑）

遠藤周作　死体を食べてたかもしれない。

酒井　分かりました。諦めます。

遠藤周作　そうお？

酒井　ええ。

遠藤周作　うん。よかった。

9　狐狸庵《こりあん》流・人生アドバイス

病気の方へのアドバイス

つらくても、明るく生き抜いたら天国が待っている

酒井　最後に、遠藤先生から、人生の知恵について、われわれに何かアドバイスを頂ければと思います。

遠藤周作　うん。だから、トルストイよりも遠藤周作のほうが、〝光が強い〟ということを信じなさい。そうすれば人生は明るい。

酒井　明るい？

遠藤周作　うんうん。もう今はトルストイを読んでも救われることはない。遠藤周作を読んだら、まだ救われる余地が残っている。ね？　だから、病人に献本するなら、トルストイじゃなくて、遠藤周作を献本しなさい。

酒井　この霊言を？

遠藤周作　うん。献本して、「はい、これを読んで。あの世はあるから、病気になっても、悲しくても、つらくても、明るく生きて、劣等感丸出しでもいいから、とりあえず、たくましく、いじましく、生き抜いたら、天国が待ってるんだ。そういうことに希望を持ちなさい」と。

だから、「遠藤先生、お救いください」と祈願をすれば、たちどころに病が治る奇跡も、一万件に一件くらいは起きる可能性もある！　そういうことで、枕元《まくらもと》に私の本を置いて寝ると、病気が治るかもしれない。

そのときには、もしかしたら、「ほんとにキリストの生まれ変わりだったかもしれない」という噂《うわさ》が立つ可能性もないわけではない。うーん。

酒井　はい。ありがとうございました。（石川・倉岡に）よろしいですか。

劣等感に悩む方へのアドバイス
競争社会から逃《のが》れ、牧歌《ぼっか》的な所へ行ってみる

遠藤周作　（倉岡を指して）君、ちょっと、かわいそうじゃない。何しに来たのよ。何のために来たのよ。

倉岡　私としては、世間の方は、「劣等感を克服された」という面からも、遠藤先生をとても尊敬されていると思うので、その劣等感の克服方法について教えていただければと……。

遠藤周作　そんなこと、お酒を飲むのがいちばんいい。

倉岡　（笑）

遠藤周作　お酒を飲むと愉快になるからさあ。うんうん。忘れられるよね。お酒を飲んで寝るのがいちばんいいよ。ほんとはね。

あとは、ニュージーランドに行って遊んでるのが、いちばんいいんじゃないか（注。倉岡はニュージーランドに留学していた）。

倉岡　（笑）分かりました。ありがとうございます。

遠藤周作　とにかく、競争の激しい社会から、いかに逃《のが》れるかが大事なことだからね。優秀な人が集まって、鎬《しのぎ》を削ってるような所は、なるべく近寄らないことが、いちばんですよ。なるべく人がまばらで、牧歌《ぼっか》的な所と、あとは、みんな理性が麻痺《まひ》してる世界に入っていくことが、やっぱり、劣等感をまぎらわすには、いちばんよろしいですねえ。うん。

アフリカとか、ああいう所もいいと思うよ。日本（人）だと、劣等感がみんな消えていくところがあると思うねえ。

だから、劣等感を感じたら、アフリカへ行って、そして、「ちゃんとした水が一本二百円以上で売られてる」っていう、文明の怖さを、みんなに知らしめて、「へへえ！」とさせたらいいんですよ。

高齢の方へのアドバイス

この世で楽しみ切ったら、あの世で楽しみが残っていない

石川　すみません。一応、霊界談義ということなので……。

遠藤周作　ああ、なるほど。

石川　今、高齢の方も増えているので、「天国は、どのようにいい世界か」ということを教えていただければと思います。

遠藤周作　いやあ、もう、それはねえ、イスラム教の言うとおりでしたねえ。酒が小川になって流れて、もう飲み放題だし、美女は、処女がみんな侍《はべ》っていて、涼《すず》しい風を送ってくれてね。この世で禁欲したら、あの世ではいいことがある。もう、そのとおりでしたね。私は、禁欲的な人生を生きたために、あの世では、ほんとに天国そのものですよ。ええ。

だからねえ、「あの世に行きたい」と思ったら、真面目に、勤勉に、禁欲的に生きて、息抜きは遠藤周作の小説を読むだけにして、そして、この世を去るといい。そうすると、天国に必ず還《かえ》れて、いい気持ちになれる。年を取った方は、特に、それを気をつけたほうがいいですねえ。

この世で楽しみ切ったら、もう、あの世で楽しみが残ってないよ。ほとんど残ってない。やっぱり、この世では、楽しみを全部使い切っちゃ駄目です。この世では、それをちょっと抑えて、ぐっと自分自身の努力にかけて、「ほかの人のために、ちょっとでもいいことをしたいな」という生き方をしながら、ちょっとだけは遠藤周作の本で楽しみを得ながら、あの世に、来世に希望をつないで、あの世に行って、そして、もし太陽が燦々《さんさん》と輝く海辺に出たら、「やったあ！　成功した」と。まあ、このへんで、人生の満足を得ると。

「何次元にいるかはさっぱり分からないけれども、どうも天国らしい。真っ暗な穴のなかに落ちなかった。よかったあ！」と。まあ、このあたりで思ってると、間違いはないよ。うん。

転生輪廻《てんしょうりんね》なんか言ったって、もうしかたないのよ。「ニーチェ」と言ったって信じないし、「イエスの生まれ変わり」と言ったって信じないし、「楊貴妃《ようきひ》」と言ったって信じないし、どうせ何言ったって信じないんだから。「ダンテ」と言ったって信じない。私が言いたいことを言っても、全部信じないじゃない。ねえ?

酒井　（笑）いえ、そんなことはないんですけれども。

遠藤周作　信仰っていうのは、常識を覆《くつがえ》して、全部、それでもう信じなきゃいけない。ほんとはね。うん。でしょう？

君らには理性が残りすぎてるのよ。

酒井　いやいやいやいや。

遠藤周作　だから、信仰に入れないのよ。

酒井　いやいや。

遠藤周作　酒を飲んでこないと駄目よ。

酒井　遠藤周作先生に対する信仰ではなく、エル・カンターレに対する信仰を、みなさん持っているのであって……。

遠藤周作　「エル・カンターレは、この口を動かして止めることはできない」っていうことは、「それだけの力が私にはある」っていうことなんだからさあ。

酒井　いえいえ。これはわざわざ出してくださっているので。

遠藤周作　（舌打ち）まあ。

恋愛に悩む男性へのアドバイス

女性は、ジイドの『狭き門』のような純愛は求めていない

酒井　エル・カンターレとは何か縁はございますか。

遠藤周作　まあ、縁を探せば、それは「関西方面育ちである」ということと、「本を書いてる」ということと、「宗教に関心がある」ということと、「イエスと〝友達〟」というところが、共通。「共通の友達・友人として（名前を）書いたら、イエスが出てくるかもしれない」っていうところが、似てるかもしれない。

酒井　大川総裁は、遠藤先生のエッセイを読まれ、「心を癒《い》やされたものもある」とおっしゃっています。そういう影響をお与えになっていますよね。

遠藤周作　うーん……。あるとしたら、何が影響を与えたんやろうなあ。真面目なやつで影響を受けたんやろうかあ？　最初のフランス留学の頃のことを書いたやつには、真面目なのが、けっこうあるんだけども。

石川　フランスにご縁はあるのでしょうか。

遠藤周作　あれじゃないか。大川隆法先生は、若い頃にアンドレ・ジイドの『狭き門』を読まれて、禁欲的な、修道的な生き方みたいなものに惹《ひ》かれて、禁欲的に生きておられていたんだけども、遠藤周作の文学論を読んだら、あの……。

ジイドの『狭き門』ですね。年上のいとこのアリサに、ジェロームという年下の男が憧《あこが》れ続けたけど、「彼女に自分はふさわしくないから、もっとふさわしい男になろう」と思って、一生懸命、ラテン語を勉強したり、いろんな教学をやったりしているうちに、彼女のほうはだんだん年を取っていって、「そのときが来たか」と思って、結婚を申し込みに行ったら、「私はもう年を取ってしまったのよ」と断られ、そのあと、彼女は亡くなってしまったという、悲劇の物語があるわけよ。

それに対して、遠藤周作は、〝悟りたる者〟として喝破《かっぱ》したわけよ。「こいつは男ではない」と。

女っていうのは、断って断って、「もう二度と来ないでください」って言ってるけど、ほんとは、それは嘘なんだ。断ってるのは嘘で、その塀《へい》を乗り越えて、入っていかなきゃいけないんだ。「無理やり奪って、逃げてほしい」と、女は願っているんだ。それが分からんっていうのは、ジェロームっていうやつは駄目だし、ジイドも、同性愛者で、男として駄目なんだ。それを分からずに、こんなので感動してたら、駄目だって。

そういうことを、私は、キリスト教文学者ながら、一応、ピシっと、深い人生観に裏付けられた〝悟り〟の言葉を書いた。これに、きっと深ーく心を揺さぶられて、女の子にアタックをかけた。そして、深く傷ついて、宗教家になれた。これが、彼の〝成功の秘密〟なの。

石川　なるほど……。

遠藤周作　ここにね、遠藤周作と大川隆法の〝密接な接点〟があるわけですよ。私の唆《そそのか》しを受けて、失敗をして、宗教家になった。これがよかった。これで君たちは今、弟子ができて、飯が食っていけてるんだよ。もう私に感謝しなさい。私のせいなんですよ。私が唆したために……。

『狭き門』で考えちゃ駄目だ。これは間違いだ。純愛は駄目だ。女性は、ほんとは純愛を求めてないんだ。力強く奪い取ってほしいんだ。猛然とアタックしてほしいんだ。待ってるんだ。

だから、（男性が）立ち去ってから、実は、出てきて、「ああ、どうして来てくれなかったんだろう。なかまで来て、（私を）連れていってくれれば」と……。もうねえ、「ロミオとジュリエット」みたいなもので、「這《は》い登ってきて、窓からでも連れていってほしい」と。これが女心なので。

それを、私は大川隆法に教えた。彼は、それを大学三年生のときに実践した。そして、見事に苦境のなかに陥《おちい》った。そして、頭を丸めて勉強した。しかし、突如《とつじょ》なる転身は利《き》かなかった。そのために、人生に成功することはできず、悲しきかな、宗教家の道に入ってしまった。これが、君たちが、今、生きていける理由なんだ。だから、「ほんとの御本尊《ごほんぞん》は遠藤周作だ」ということになれば、「私がイエスであってもおかしくはない」ということにもなりかねないねえ。うん。

酒井　（笑）分かりました。

幸福の科学へのアドバイス

もっとユーモアを大切にしよう

酒井　（石川・倉岡に）いいですか。

倉岡　（笑）

遠藤周作　（倉岡を指して）笑ってるの？　喜んでるの？　悲しんでるの？　あんたの顔、分からない。

倉岡　笑っています（笑）。

遠藤周作　ああ、笑ってんの？　ああ、そうか。

倉岡　とてもユーモアがあって、楽しかったです。

遠藤周作　（右手を掲げて宣誓のポーズをとる）私はねえ、神に誓って〝真実〟以外、一言も語らなかった。うん。

酒井　それが、結論でございますね？

遠藤周作　ええ？　まあ、〝ユーモア小説家としての真実〟には反しなかった。

酒井　当会にとって大切なのは、遠藤周作先生のユーモアの部分であり、それをもっと使いなさいということでしょうか。

遠藤周作　うん。ちょっとねえ、もうちょっと、あってもいいんじゃないか。もう少し幅がないと。

酒井　はい。

遠藤周作　ちょっと窮屈《きゅうくつ》で、あんまり真面目すぎて、さっきのアリサとジェロームの『狭き門』じゃないけど、「なかに入れない」っていう感じを受けている人は、（幸福の科学の）職員にもなれないし、「会員でいるのも窮屈だ」と思ってる人はだいぶいるような気もするから。

まあ、凡百《ぼんびゃく》の凡人も、救いの対象なんだから、そのへんに対する、ちょっと、何て言うか、受け入れる気持ちも持たないと。裁く気持ちが強いと、みんな居心地《いごこち》が悪くなるから。

上へ上へと目指すだけが、能じゃないんだよ。●上求菩提《じょうぐぼだい》かもしらんけども、上へ上へと目指せば、人口は減ってきて、布教できなくなってくるから、ちょっと下に下りなきゃいけないところもある。

だから、先生は、もうしかたがないにしても、あんたがた弟子たちがあんまり偉くなりすぎるのは、ちょっと問題はあるかもしれないなあと思うねえ。そんな偉くなりすぎてるから、選挙なんか何回やったって負けるんや。

どうせ負けるなら、東大野球部みたいに、七十連敗ぐらいまでして記録をつくれば、また世間の見方は違ってくるかもしれない。「キリストの受難」に匹敵するぐらいの負け方になるかもしらんけどねえ。うん。何のために弟子がいたんだろうっていう疑問は、やっぱり、残ることは残るけどねえ。うんうん。

●**上求菩提**　仏に向かって悟りを求めていくこと。この上求菩提と下化衆生《げけしゅじょう》（一人でも多くの人を救おうとすること）は、仏教の根本命題である。

酒井　分かりました。

遠藤周作　何か悟りを得ることはできたか。

酒井　ええ。ユーモアが大切だと。

遠藤周作　うん。君はね、頭が禿《は》げることが大事だ。

酒井　禿げるって（笑）。

遠藤周作　頭がツルツルになって禿げたら、急に、みんなの君に対する目が優しくなるよ。

酒井　そうですか（笑）。

遠藤周作　君に対してね、同情の思いでもって接するようになるから。君が、同情されて、みんなにかわいがられてることを感じると、人に対して優しい言葉が出るようになる。

酒井　なるほど。

遠藤周作　うん。理事長●に対しても厳しい思いを持ってるだろう？　理事長は、君に対して、常に突き刺されてるような気持ちでいるんだよ。

酒井　そうですか（笑）。

遠藤周作　うん。それはね、頭が禿げてみて初めて、分かるんだよ。ね？　〝同病〟

●2014年4月当時、理事長だった男性幹部のこと。

になって初めて、分かることがある。ね？

酒井　分かりました。

遠藤周作　だからね、あんまり韓国俳優を目指すんじゃないよ。

酒井　いや、別に目指してはいないのですが。

遠藤周作　まあ、勉強になったかな？

酒井　はい。

遠藤周作　なった？　なった！　よおし。

酒井　非常に勉強になりました。

遠藤周作　（石川を指して）君も、あんまり高みを目指してはいけないよ。凡俗のなかで、人々とともに生きていきなさいよ。ねえ？　男のマザー・テレサになるぐらいのつもりで、死体と一緒に寝る。そういう生活が、君の道を拓《ひら》くかもしれないからね。うん。

石川　ありがとうございます。

遠藤周作　まあ、勉強になっただろう？　うんうん。

酒井　はい。ありがとうございました。

遠藤周作　じゃあ、ありがとう。

大川隆法　（手を二回叩《たた》く）
　ということでした。煙《けむ》に少し巻かれた感じにはなりましたね。やはりシリアスなのは、あまり好きではないのでしょう。

10 遠藤周作の霊言を終えて

酒井　そうですね。

大川隆法　基本的には、照れ屋なのだろうと思います。
　過去世は、偉い人でも困るし、偉くない人でも困るのでしょう。どちらの場合でも、このくらいの感じだったら、確かに、歴史のなかでは、埋もれてしまうかもしれません。そんなに言うほどではないというか、何かのトップというところまでは行かないかもしれません。

そのあたりが、やはり、この人の信仰の優柔不断さというか、「薄さ」や「弱さ」のところに出ているかもしれません。

名前が遺《のこ》る人というのは、極端に何かが強く出ている人で、周りと相容《あいい》れないところまでいってしまう人です。一方、この人には、「ある程度、周りと調和してしまう優しさ」があるのでしょう。ただ、日本文化に何らかのものを付け加えた人ではあるし、戦後の人々に、キリスト教精神の一端なりとも教えた人ではあります。

曽野綾子《そのあやこ》さんたちがあの世に還《かえ》るときに、この人と会えるかどうかは分かりませんが、将来、あの世で、キリスト教文学者たちの集いがどのように開かれるか、楽しみなところです。

「宗教文学をやった人はどうなるか」ということですが、とりあえず、遠藤さんは、明るい世界に還っていらっしゃるのではないかと思います。

ただ、語っていることのなかには、少しオーバーなものがたくさん出てきたので、虚虚実実《きょきょじつじつ》として分かりかねる部分がありました。照れ隠しの部分もあると見て、そのように理解してあげないといけないということですね。

転生《てんしょう》の話については、私のほうもコンファーム（確認）できかねるところなので、遠藤周作は遠藤周作でよかったのではないでしょうか。

そのようなところで終わりにしましょうか。ありがとうございました。

酒井　はい。ありがとうございました。

あとがき

作家・遠藤周作氏は私にとっては懐《なつ》かしい人である。早熟《そうじゅく》の小学生として、『沈《ちん》黙《もく》』を読んで、小説家の伯母《おば》や父との宗教談義に加わった記憶のためだけではない。今の若い人たちはもうあまり読まないかもしれないが、私自身の受験時代や大学生時代にも、「狐狸庵閑話《こりあんかんわ》」などを通して、色々となぐさめられた経緯《けいい》があったからである。

私の若い頃には、東大合格率NO．1であった灘《なだ》（高）校をビリに近い成績で卒業したと堂々と作品に書ける遠藤氏は、ある意味でうらやましかったし、そのくせ、政府の戦後第一回フランス留学生としてリヨンに学んだことが、彼のマジメ系の作品の結実《けつじつ》につながったことなどを、あれこれと考えてみたこともあった。ユーモア小説も、ある意味で青春の解毒剤《げどくざい》にもなった。あるいは、遠藤氏の描く、イエスや、キリスト教の神の弱々しさに疑問を持ったことも、私の宗教家人生に影響を与えたことはまちがいなかろう。

ともかく、つかみどころのない遠藤話術《わじゅつ》の底に、一条の光が射《さ》していることが伝えられたら幸いである。

二〇一六年　一月二十二日

幸福《こうふく》の科学《かがく》グループ創始者兼総裁《そうししゃけんそうさい》　大川隆法《おおかわりゅうほう》

『遠藤周作の霊界談義』大川隆法著作関連書籍

『幸福への道標』（幸福の科学出版刊）

遠藤周作《えんどうしゅうさく》の霊界談義《れいかいだんぎ》
――新《しん》・狐狸庵閑話《こりあんかんわ》――

2016年 2月3日 初版第1刷

著 者 大《おお》 川《かわ》 隆《りゅう》 法《ほう》

発行所 幸福の科学出版株式会社
〒107-0052 東京都港区赤坂2丁目10番14号
TEL(03)5573-7700
http://www.irhpress.co.jp/

印刷・製本 堀内印刷所

落丁・乱丁本はおとりかえいたします

ISBN 978-4-86395-758-9 C0095

写真：時事、Fujifotos / アフロ

大川隆法 霊言シリーズ・キリスト教の真髄に迫る

キリストの幸福論

失敗、挫折、苦難、困難、病気……。この世的な不幸に打ち克つ本当の幸福とは何か。2000年の時を超えてイエスが現代人に贈る奇跡のメッセージ！

1,500円

パウロの信仰論・伝道論・幸福論

キリスト教徒を迫害していたパウロは、なぜ大伝道の立役者となりえたのか。「ダマスコの回心」の真実、贖罪説の真意、信仰のあるべき姿を、パウロ自身が語る。

1,500円

トルストイ
――人生に贈る言葉

トルストイに平和主義の真意を訊く。平和主義が、共産主義に取り込まれたロシア（旧ソ連）の悲劇から、日本の反原発運動の危険性が明らかに。

1,400円

福音書のヨハネ
イエスを語る

イエスが最も愛した弟子と言われる「福音書のヨハネ」が、2000年の時を経て、イエスの「奇跡」「十字架」「復活」の真相を解き明かす。

1,400円

大川隆法 霊言シリーズ・作家が描く霊界の諸相

小説家・景山民夫が見たアナザーワールド

唯物論は絶対に捨てなさい

やっぱり、あの世はありました！　直木賞作家が語る「霊界見聞録」。本人が、衝撃の死の真相を明かし、あの世の様子や暮らしぶりを面白リポート。

1,400円

天才作家 三島由紀夫の描く死後の世界

あの壮絶な死から40年――。自決の真相、死後の行き先。国家存亡の危機に瀕する現代日本に何を思うのか？　ついに明かされる三島由紀夫の本心。

1,400円

芥川龍之介が語る「文藝春秋」論評

菊池寛の友人で、数多くの名作を遺した芥川龍之介からのメッセージ。菊池寛の死後の様子や「文藝春秋」の実態が明かされる。

1,300円

地獄の条件 ― 松本清張・霊界の深層海流

社会悪を追及していた作家が、なぜ地獄に堕ちたのか？　戦後日本のマスコミを蝕む地獄思想の源流の一つが明らかになる。

1,400円

※表示価格は本体価格（税別）です。

大川隆法 霊言シリーズ・現代作家のスピリチュアル・メッセージ

スピリチュアル・メッセージ 曽野綾子という生き方

辛口の言論で知られる保守系クリスチャン作家・曽野綾子氏。歴史認識問題から、現代女性の生き方、自身の信仰観までを、守護霊が本音で語る。

1,400円

野坂昭如の霊言
死後21時間目の直撃インタビュー

映画「火垂るの墓」の原作者でもある直木賞作家・野坂昭如氏の反骨・反戦のラスト・メッセージ。「霊言が本物かどうか、俺がこの目で確かめる」。

1,400円

司馬遼太郎なら、この国の未来をどう見るか

現代日本に求められる人材とは。"維新の志士"は今、どう戦うべきか——。左翼史観とペン一本で戦った国民的作家・司馬遼太郎が日本人に檄を飛ばす!

1,300円

山崎豊子 死後第一声

社会悪の追究、運命に翻弄される人間、その先に待ち受けるものとは——。社会派小説の第一人者が、作品に込めた真意と、死後に赴く世界を語る。

1,400円

天使は、見捨てない。
天使にアイム・ファイン
I'm fine!
製作総指揮/大川隆法
雲母(きらら)　芦川よしみ　金子昇　清水一希　合香美希
原作/『アイム・ファイン』大川隆法(幸福の科学出版)
監督・脚本/園田映人　音楽/大門一也　製作:ニュースター・プロダクション　制作プロダクション:ジャンゴフィルム　配給:日活　配給協力:東京テアトル
©2016ニュースター・プロダクション
5つの傷ついた心に、奇跡を起こす —
G
3.19(SAT)ROADSHOW
www.newstar-pro.com/tenshi/
NIKKATSU

幸福の科学グループのご案内

宗教、教育、政治、出版などの活動を通じて、地球的ユートピアの実現を目指しています。

幸福の科学

一九八六年に立宗。信仰の対象は、地球系霊団の最高大霊、主エル・カンターレ。世界百カ国以上の国々に信者を持ち、全人類救済という尊い使命のもと、信者は、「愛」と「悟り」と「ユートピア建設」の教えの実践、伝道に励んでいます。

（二〇一六年一月現在）

愛

幸福の科学の「愛」とは、与える愛です。これは、仏教の慈悲《じひ》や布施《ふせ》の精神と同じことです。信者は、仏法真理をお伝えすることを通して、多くの方に幸福な人生を送っていただくための活動に励んでいます。

悟り

「悟り」とは、自らが仏の子であることを知るということです。教学《きょうがく》や精神統一によって心を磨き、智慧《ちえ》を得て悩みを解決すると共に、天使・菩薩《ぼさつ》の境地を目指し、より多くの人を救える力を身につけていきます。

ユートピア建設

私たち人間は、地上に理想世界を建設するという尊い使命を持って生まれてきています。社会の悪を押しとどめ、善を推し進めるために、信者はさまざまな活動に積極的に参加しています。

国内外の世界で貧困や災害、心の病で苦しんでいる人々に対しては、現地メンバーや支援団体と連携して、物心両面にわたり、あらゆる手段で手を差し伸べています。

年間約３万人の自殺者を減らすため、全国各地で街頭キャンペーンを展開しています。

公式サイト www.withyou-hs.net

ヘレン・ケラーを理想として活動する、ハンディキャップを持つ方とボランティアの会です。視聴覚障害者、肢体不自由な方々に仏法真理を学んでいただくための、さまざまなサポートをしています。

公式サイト www.helen-hs.net

INFORMATION

お近くの精舎・支部・拠点など、お問い合わせは、こちらまで！

幸福の科学サービスセンター

TEL. 03-5793-1727（受付時間 火～金：10～20時／土・日・祝日：10～18時）

幸福の科学 公式サイト happy-science.jp

ハッピー・サイエンス・ユニバーシティ

Happy Science University

私たちは、理想的な教育を試みることによって、
本当に、「この国の未来を背負って立つ人材」を
送り出したいのです。

（大川隆法著『教育の使命』より）

ハッピー・サイエンス・ユニバーシティとは

ハッピー・サイエンス・ユニバーシティ（HSU）は、大川隆法総裁が設立された
「現代の松下村塾」であり、「日本発の本格私学」です。
建学の精神として「幸福の探究と新文明の創造」を掲げ、
チャレンジ精神にあふれ、新時代を切り拓く人材の輩出を目指します。

住所 〒299-4325 千葉県長生郡長生村一松丙 4427-1
TEL.0475-32-7770

学部のご案内

人間幸福学部

人間学を学び、新時代を切り拓くリーダーとなる

人間の本質と真実の幸福について深く探究し、
高い語学力や国際教養を身につけ、人類の幸福に貢献する
新時代のリーダーを目指します。

経営成功学部

企業や国家の繁栄を実現する、起業家精神あふれる人材となる

企業と社会を繁栄に導くビジネスリーダー・真理経営者や、
国家と世界の発展に貢献する
起業家精神あふれる人材を輩出します。

未来産業学部

新文明の源流を創造するチャレンジャーとなる

未来産業の基礎となる理系科目を幅広く修得し、
新たな産業を起こす創造力と起業家精神を磨き、
未来文明の源流を開拓します。

未来創造学部

2016年4月
開設予定

時代を変え、未来を創る主役となる

政治家やジャーナリスト、ライター、俳優・タレントなどのスター、
映画監督・脚本家などのクリエーターを目指し、国家や世界の発展、
幸福化に貢献できるマクロ的影響力を持った徳ある人材を育てます。

キャンパスは東京がメインとなり、2年制の短期特進課程も新設します
（4年制の1年次は千葉です）。2017年3月までは、赤坂「ユートピア
活動推進館」、2017年4月より東京都江東区（東西線東陽町駅近く）
の新校舎「HSU未来創造・東京キャンパス」がキャンパスとなります。

教育

学校法人 幸福の科学学園

学校法人 幸福の科学学園は、幸福の科学の教育理念のもとにつくられた教育機関です。人間にとって最も大切な宗教教育の導入を通じて精神性を高めながら、ユートピア建設に貢献する人材輩出を目指しています。

幸福の科学学園

中学校・高等学校（那須本校）
2010年4月開校・栃木県那須郡（男女共学・全寮制）
TEL 0287-75-7777
公式サイト happy-science.ac.jp

関西中学校・高等学校（関西校）
2013年4月開校・滋賀県大津市（男女共学・寮及び通学）
TEL 077-573-7774
公式サイト kansai.happy-science.ac.jp

ハッピー・サイエンス・ユニバーシティ（HSU）
TEL 0475-32-7770

仏法真理塾「サクセスNo.1」 TEL 03-5750-0747（東京本校）
小・中・高校生が、信仰教育を基礎にしながら、「勉強も『心の修行』」と考えて学んでいます。

不登校児支援スクール「ネバー・マインド」 TEL 03-5750-1741
心の面からのアプローチを重視して、不登校の子供たちを支援しています。
また、障害児支援の**「ユー・アー・エンゼル!」運動**も行っています。

エンゼルプランV TEL 03-5750-0757
幼少時からの心の教育を大切にして、信仰をベースにした幼児教育を行っています。

シニア・プラン21 TEL 03-6384-0778
希望に満ちた生涯現役人生のために、年齢を問わず、多くの方が学んでいます。

NPO 活動支援

学校からのいじめ追放を目指し、さまざまな社会提言をしています。また、各地でのシンポジウムや学校への啓発ポスター掲示等に取り組む一般財団法人「いじめから子供を守ろうネットワーク」を支援しています。

公式サイト mamoro.org
相談窓口 TEL.03-5719-2170
ブログ blog.mamoro.org

政治

幸福実現党

内《ない》憂《ゆう》外《がい》患《かん》の国難に立ち向かうべく、二〇〇九年五月に幸福実現党を立党しました。創立者である大川隆法党総裁の精神的指導のもと、宗教だけでは解決できない問題に取り組み、幸福を具体化するための力になっています。

党員の機関紙
「幸福実現NEWS」

TEL 03-6441-0754
公式サイト hr-party.jp

出版メディア事業

幸福の科学出版

大川隆法総裁の仏法真理の書を中心に、ビジネス、自己啓発、小説など、さまざまなジャンルの書籍・雑誌を出版しています。他にも、映画事業、文学・学術発展のための振興事業、テレビ・ラジオ番組の提供など、幸福の科学文化を広げる事業を行っています。

アー・ユー・ハッピー?
are-you-happy.com

ザ・リバティ
the-liberty.com

幸福の科学出版
TEL 03-5573-7700
公式サイト irhpress.co.jp

THE FACT

ザ・ファクト
マスコミが報道しない
「事実」を世界に伝える
ネット・オピニオン番組

Youtubeにて
随時好評配信中!

ザ・ファクト　検索

入会のご案内

あなたも、幸福の科学に集い、ほんとうの幸福を見つけてみませんか？

幸福の科学では、大川隆法総裁が説く仏法真理をもとに、
「どうすれば幸福になれるのか、また、
他の人を幸福にできるのか」を学び、実践しています。

入会

大川隆法総裁の教えを信じ、学ぼうとする方なら、どなたでも入会できます。入会された方には、『入会版「正心法語」』が授与されます。（入会の奉納は1,000円目安です）

ネットでも**入会**
できます。詳しくは、
下記URLへ。
happy-science.jp/joinus

三帰《さんき》誓願《せいがん》

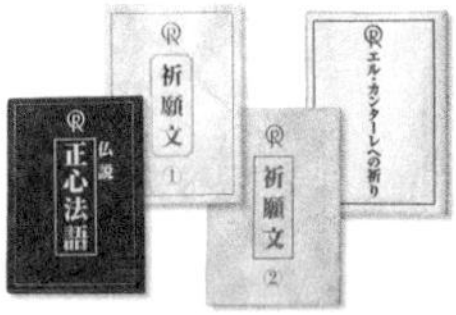

仏弟子としてさらに信仰を深めたい方は、仏・法・僧の三宝への帰依を誓う「三帰誓願式」を受けることができます。三帰誓願者には、『仏説・正心法語』『祈願文①』『祈願文②』『エル・カンターレへの祈り』が授与されます。

植福《しょくふく》の会

植福は、ユートピア建設のために、自分の富を差し出す尊い布施の行為です。布施の機会として、毎月1口1,000円からお申込みいただける、「植福の会」がございます。

ご希望の方には、幸福の科学の小冊子（毎月1回）をお送りいたします。詳しくは、下記の電話番号までお問い合わせください。

月刊
「幸福の科学」

ザ・伝道

ヤング・ブッダ

ヘルメス・
エンゼルズ

INFORMATION
幸福の科学サービスセンター
TEL. 03-5793-1727（受付時間 火〜金：10〜20時／土・日・祝日：10〜18時）
幸福の科学 公式サイト **happy-science.jp**